Wir sind Kinder dieser Erde

111 Friedenslieder und Gedichte

ausgewählt von Ludger Edelkötter

Texte:

Alois Albrecht
Gerd Beisheim
Eckart Bücken
Barbara Cratzius
Dom Helder Camara
Karlhans Frank
Dieter Frettlöh
Sr. Josephine Hirsch
Sylvia Keyserling
Rolf Krenzer
Anneliese Lussert
Stefan Melquist
Hans-Jürgen Netz
Marina Palmen
Gudrun Pausewang
Wolfgang Poeplau
Ekkehard Purri
Liselotte Rauner
Josef Reding
Jutta Richter
Ilse Schulenburg
Dorothe Sölle
Johannes Thiele
Norbert Weidinger
Rudolf Otto Wiemer
Wilhelm Willms
Elisabeth Zöller

D1734123

Musik:

Ludger Edelkötter

CIP-Kurztitelaufnahme der Deutschen Bibliothek
Edelkötter, Ludger
Wir sind Kinder dieser Erde
111 Friedenslieder und Gedichte
ISBN 3-926597-25-9

© 1991 IMPULSE-Musikverlag Ludger Edelkötter, Drensteinfurt
2. korrigierte Auflage 1991
Alle Rechte vorbehalten, die Rechte der Gedichte liegen bei den Autoren
Titelbild und Illustrationen: Uwe Watschounek
Gestaltung: Jörg Jahrbeck
Satz und Notengrafik: Jörg Jahrbeck, IMPULSE-Musikverlag
Druck: Gütersloher Druckservice, Gütersloh

Zum vorliegenden Liedheft die MC IMP 1045.3, erschienen beim IMPULSE-
Musikverlag Ludger Edelkötter, 4406 Drensteinfurt, Natorp 21

Inhalt Seite

Teil 3: Ich will in dieser Zeit nicht schweigen 125

Für meine Frau und meine Söhne Michael, Markus, Stefan und Benjamin

Solange ich Lieder mache, vertone ich Texte für den Frieden, gegen den Unfrieden, für Gerechtigkeit, gegen Unterdrückung und Ausbeutung, für uneingeschränkte Toleranz, gegen Intoleranz und Ausländerfeindlichkeit. Ich singe für die Schöpfung und für das Leben, gegen Angst und Hoffnungslosigkeit und Plünderung der Natur und Zerstörung unserer eigenen Lebensräume.

Diese Liedsammlung ist in über zwanzig Jahren entstanden und der Inhalt ist aktueller denn je. In den vier Kapiteln werden sie viele Lieder und Gedichte für den Elementar- und Primarbereich ebenso finden, wie für den Jugendlichen oder Erwachsenen.

Mein besonderer Dank gilt den Autoren, die spontan Gedichte und Liedtexte auf meine Bitte hin im Januar 1991 geschrieben haben.

Ludger Edelkötter

Teil 1

Wir
sind
Kinder
dieser
Erde

Wir sind Kinder dieser Erde

Text: Jutta Richter
Musik: Ludger Edelkötter

Schluß mit dem Krieg. Denkt auch an uns. Dies ist uns-re
Welt. Dies ist uns-re Welt. Schluß mit dem Welt. Wir ha-ben
eu-re Sprü-che satt und eu-re Po-li-tik. Wir
bau-en ei-nen Kin-der-staat. Da gibt es kei-nen
Krieg. Wir sind die Kin-der ei-ner Welt. Wir
brau-chen eu-ren Mut. Weil die-se Welt zu-
sam-men-fällt, wenn man da-für nichts tut. Wir
man da-für nichts tut. Schluß mit dem Krieg. Denkt auch an

uns. Dies ist uns - re Welt. Dies ist uns - re Welt.

2. Wir brauchen Wasser, Luft und Brot
   und Frieden überall.
   Wir wollen keine Hungersnot
   und keinen Bombenknall.

Kehrvers 1:

    Schluß mit dem Krieg.
    Denkt auch an uns.
    Dies ist unsre Welt.
    Dies ist unsre Welt.

Kehrvers 2:

    Wir sind die Kinder einer Welt –
    wir brauchen euren Mut,
    weil diese Welt zusammenfällt,
    wenn man nichts dafür tut.

3. Ihr schafft es nicht aus eigner Kraft.
   Ihr seid noch schwach und klein.
   Jedoch mit unsrer Friedenskraft,
   seid ihr noch nicht allein.

Mach aus Schwertern Pflugscharen

Text: Josef Reding
Musik: Ludger Edelkötter

Die Schwer - ter ha - ben zu lang schon ge - wü - tet. Ka - no - nen ha - ben zu lang schon ge - brüllt. Men - schen wer - den ge - bo - ren be - hü - tet und dann in den Krie - gen wie Schlacht - vieh ge - killt

Kehrvers:

Höch - ste Zeit die Schwer - ter um - zu - schmie - den, den Mord - stahl zu ver - glühn. Höch - ste Zeit in ei - nem waf - fen - frei - en Frie - den als Pflug - schar durch den

Alle Rechte beim IMPULSE-Musikverlag Ludger Edelkötter,
Natorp 21, 4406 Drensteinfurt

Grund   zu   ziehn.

2. Die Schwerter haben zu viel schon gekostet,
   Schwerter brachten zu oft schon den Tod.
   Schwerter töten, Schwerter rosten.
   Der Mensch braucht Arbeit, Brot, nicht den Tod.

Kehrvers:

   Höchste Zeit, die Schwerter umzuschmieden,
   den Mordstahl zu verglühn.
   Höchste Zeit in einem waffenfreien Frieden
   als Pflugschar durch den Grund zu ziehn.

Sie prüfen ein Gewissen

Sie prüfen ein Gewissen.
Sie prüfens weil sie müssen, sie müssen.
Doch läßt sich ein Gewissen prüfen?
Mit dem Gewissensbrief verbriefen?
Gibts den Gewissensführerschein?
Muß man in die Kasernen rein?
Nur dann wenn man gewissen – los?
– Was ist das bloß – gewissen – los?

Josef Reding

Ich hasse den Krieg

Text: Josef Reding
Musik: Ludger Edelkötter

Ich has - se den Krieg,
has - se den Krieg,

weil er die Schöp-fung zer - stört. Ich hört
weil er den Mör - dern ge -

"Du sollst nicht tö-ten", ist ge -sagt! Der Krieg nicht nach Ge -

bo-ten fragt. Der Krieg setzt Frie - den au -ßer Kraft. Der

Krieg nur Leid, Ent - set -zen schafft!

2. Ich hasse den Krieg,
   weil er ein Massengrab ist.
   Ich hasse den Krieg,
   weil er die Seelen zerfrißt.

Kehrvers:

   „Du sollst nicht töten", ist gesagt!
   Der Krieg nicht nach Geboten fragt.
   Der Krieg setzt Frieden außer Kraft.
   Der Krieg nur Leid, Entsetzen schafft.

3. Ich hasse den Krieg,
    weil er Verbrechen gebiert.
    Ich hasse den Krieg,
    weil in den Abgrund er führt.

Kehrvers:

    „Du sollst nicht töten", ist gesagt!
    Der Krieg nicht nach Geboten fragt.
    Der Krieg setzt Frieden außer Kraft.
    Der Krieg nur Leid, Entsetzen schafft.

Die anderen sind anders als wir

Der erste sagt: Die anderen sind anders als wir.

Der zweite sagt: Die anderen sind schlechter als wir.

Der dritte sagt: Die anderen sind Untermenschen.

Der vierte sagt: Die anderen sind Tiere.

Der fünfte sagt: Die anderen sind schädliche Tiere.

Der sechste sagt: Schädliche Tiere kann man ausrotten.

Der siebte sagt: Schädliche Tiere muß man ausrotten.

Der achte sagt: Ich habe einen Plan zur Ausrottung der
schädlichen Tiere.

Und der neunte und der zehnte und tausende und millionen nach
ihnen rotten aus. Schlachten auf dem Schlachtfeld, morden den
Menschen, den sie zum Feind, zum Freiwild durch den Krieg er-
klärt haben.

Ich hasse den Krieg

Josef Reding

Alle Rechte beim IMPULSE-Musikverlag Ludger Edelkötter,
Natorp 21, 4406 Drensteinfurt

Die Frage nach dem Bruder

Text: Wilhelm Willms
Musik: Ludger Edelkötter

Die Frage nach dem Bruder, die treibt den Menschen um. Warum? Warum? Die rum? Warum schlägt Kain den Abel tot? Warum schlägt Kain den Abel tot? Warum? Warum? Warum?

2. Die Frage nach
   dem Bruder
   ist immer noch
   nicht stumm
   warum warum
   die Antwort
   kommt von Kain
   soll ich des Bruders
   Hüter sein
   warum warum warum

3. Auf Erden
   schreit zu Gott
   empor
   des Bruders Blut
   warum warum warum
   bis heute treibt
   den Brudermord
   Menschen gegen
   Menschen um
   warum warum warum

4. Da gibt es
einen Bruder
von Brüdern weggeräumt
warum warum
weil er
von bessern Zeiten
von Bruderliebe
träumt
warum warum warum

5. Wo ist der
große Bruder
der selber
sich verschenkt
wo wo
wo ist der
Brotvermehrer
der nicht an Rache denkt
wo wo wo

6. Da gibt es
einen Bruder
der anders reagiert
der alle seine Brüder
aus Liebe
amnestiert
aus Liebe,
aus Liebe, aus Liebe

Hand in Hand

Nimm meine Hände und laß nicht zu,
daß greifen sie zu Waffen.
Hand in Hand so wollen wir
gemeinsam Frieden schaffen.

Wolfgang Poeplau

Alle Rechte beim IMPULSE-Musikverlag Ludger Edelkötter,
Natorp 21, 4406 Drensteinfurt

Der weiße Kain

Text: Wilhelm Willms
Musik: Ludger Edelkötter

2. Der Neid, der Neid bringt großes Leid,
   nur sich sieht er, den Abel nicht.
   Der Neid, der Neid bringt großes Leid,
   nur sich sieht er, den Abel nicht.
   Vorsicht, der Neid wird zum Gericht.
   Nur sich sieht er, den Abel nicht.
   Der Neid, der Neid bringt großes Leid,
   nur sich sieht er, den Abel nicht.

3. Im feinen Kleid macht Kain sich breit,
   das Kleid verrät den Brudermord.
   Im feinen Kleid macht Kain sich breit,
   das Kleid verrät den Brudermord.
   Da hilft nicht Flucht von hier nach dort,
   das Kleid verrät den Brudermord.
   Im feinen Kleid macht Kain sich breit,

4. Oh, weißer Kain, wasch dich nicht rein,
   die weiße Weste ist nicht rein.
   Oh, weißer Kain, wasch dich nicht rein,
   die weiße Weste ist nicht rein.
   Oh, weißer Kain, dein Weiß ist Schein,
   die weiße Weste ist nicht rein.
   Oh, weißer Kain, wasch dich nicht rein,
   die weiße Weste ist nicht rein.

5. Der weiße Kain, der sitzt allein,
   hat seinen Bruder tot gemacht.
   Der weiße Kain, der sitzt allein,
   hat seinen Bruder tot gemacht.
   Was hat dich, Kain, so weit gebracht?
   Hast deinen Bruder tot gemacht.
   Der weiße Kain, der sitzt allein,
   hat seinen Bruder tot gemacht.

Alle Rechte beim IMPULSE-Musikverlag Ludger Edelkötter,
Natorp 21, 4406 Drensteinfurt

Kain und Abel

Text: Rudolf-Otto Wiemer
Musik: Ludger Edelkötter

Zwei Brü - der wa - ren auf der Welt,

auf der Welt, auf der Welt, die hat - te Gott da - hin - ge - stellt,

hin - ge - stellt sein E - ben - bild zu sein, der

ei - ne hieß A - bel, der an - de - re Kain. Zwei

Kehrvers: Brü - der wa - ren auf der Welt, auf der Welt, auf der Welt, die

hat - te Gott da - hin - ge - stellt, hin - ge - stellt. Der

Kain trug ei - nen Bau - ern - rock, der A - bel hielt den Hir - ten - stock, sie

sag - ten Ja und Nein! Es lach - te Bru - der A - bel, es

lach - te Bru - der Kain. Zwei

D.C. al Fine

2. Sie schleppten Opfergaben bei,
   Gaben bei, Gaben bei,
   damit Gott ihnen gnädig sei, gnädig sei.
   Sie setzten Stein auf Stein,
   ein Lamm gab der Abel
   und Kornfrucht gab Kain.

Kehrvers:

   Zwei Brüder waren auf der Welt,
   auf der Welt,
   auf der Welt,
   die hatte Gott dahingestellt,
   hingestellt.

   Und Abels Rauch zum Himmel wich,
   und Kains Rauch tief am Boden strich,
   da fing er an zu schrein.
   Es betete Abel, es fluchte der Kain.

Kehrvers:

   Zwei Brüder waren auf der Welt ...

3. Vor Zorn Kains Auge wurde rot,
   wurde rot, wurde rot,
   im Zorn schlug er den Bruder tot,
   Bruder tot.
   Er lag am Wegesrain, bleich lag Bruder Abel,
   starr stand Bruder Kain.

Kehrvers:

   Zwei Brüder waren auf der Welt ...

Alle Rechte beim IMPULSE-Musikverlag Ludger Edelkötter,
Natorp 21, 4406 Drensteinfurt

Kain floh nur fort, nur fort, nur fort,
er floh, er blieb an keinem Ort,
doch Gott, der holt ihn ein.
Wo ist dein Bruder Abel?
Wo ist dein Bruder Kain?

Kehrvers:

Zwei Brüder waren auf der Welt...

4. Die Welt ist jung, die Welt wird alt,
   Welt wird alt, Welt wird alt,
   doch nie der Schrei, der Schrei verhallt,
   Schrei verhallt, er geht durch Mark und Bein.
   Wer ist Bruder Abel? Wer ist Bruder Kain?

Kehrvers:

Zwei Brüder waren auf der Welt...

Die Welt ist jung, die Welt wird alt,
doch nie der Schrei, der Schrei verhallt.
Er geht durch Mark und Bein.
Bist du mein Bruder Abel? Bist du mein
Bruder Kain?
Bist du mein Bruder Abel? Bist du mein
Bruder Kain?

Kehrvers:

Zwei Brüder waren auf der Welt...

Alle Rechte beim IMPULSE-Musikverlag Ludger Edelkötter,
Natorp 21, 4406 Drensteinfurt

Wiegenlied einer irakischen Mutter

Text: Jutta Richter
Musik: Ludger Edelkötter

Mein Sohn, ich ha-be dich ge-bo-ren in schlim-me Zei-ten! Bag-dad brennt. Du hast den Him-mel schon ver-lo-ren, be-vor er dei-nen Na-men kennt.

2. Mein Sohn der Krieg hat tausend Väter,
   doch du hast eine Mutter nur.
   Die Welt erklärt dein Schicksal später.
   Ach folge du des Lebens Spur.

3. Mein Sohn, ich wünsche dir den Frieden.
   Das Paradies nicht weit von hier.
   In einem Krieg kann keiner siegen.
   So schlaf jetzt ein, ich bin bei dir!

Wenn du noch einmal erzählen könntest

Requiem für Bagdad

Text: Jutta Richter
Musik: Ludger Edelkötter

Wenn du noch ein - mal er - zäh - len könn - test,
tau - send - und - ei - ne und ei - ne Nacht, wer
wür - de dann die Ge - schich - ten hö - ren,
die dir doch da - mals das Le - ben ge - bracht?

Kehrvers:
Sche - he - ra - za - de, ach es ist scha - de, a - ber der Him - mel er
brennt. Dei - ne Ge - schich - ten lie - gen im Ster - ben,
kei - ner die Mär - chen mehr kennt.

2. Wächst nicht das Große aus Kleinigkeiten?
   Hast du den grausamen König gefragt?
   Hast ihm das steinerne Herz ausgerissen.
   Hast ihn mit Worten milde gemacht.

Kehrvers:

Scheherazade, ach es ist schade.
aber der Himmel er brennt.
Deine Geschichten liegen im Sterben,
keiner die Märchen mehr kennt.

3. Während ich sitze und von dir träume,
   du meine Schwester, reich mir die Hand.
   Brennen die Hütten und die Paläste,
   sterben die Kinder in deinem Land.

Kehrvers:

Scheherazade, ach ...

4. Wenn du doch heute erzählen könntest
   wie in der allerersten Nacht,
   würdest du wieder die Steine erweichen,
   hättest uns allen das Leben gebracht.

Kehrvers:

Scheherazade, ach ...

Alle Rechte beim IMPULSE-Musikverlag Ludger Edelkötter,
Natorp 21, 4406 Drensteinfurt

Rahels Klage

Text: Rolf Krenzer
Musik: Ludger Edelkötter

Sie sind in mein Haus ge - kom - men. Sie
hat - ten das Schwert und die Macht. Sie
ha - ben mein Kind mit-ge - nom -men und ha - ben es um-ge -
bracht. Ich hielt es in mei - nen Ar - men. Sie
nah - men es mit Ge - walt. Sie tö - te-ten oh - ne Er -
bar - men. Und es war erst zwölf Mo - na - te alt.
Ky - ri - e, Ky - ri - e, Ky - ri - e e - lei - son.

2. Sie kamen, mein Kind zu morden.
Es bleibt nur die trostlose Not.
An Schuldlosen schuldig geworden.
So sinnlos ist dieser Tod.
Ich schützt es mit meinen Armen.
Sie nahmen es mit Gewalt.
Sie töteten ohne Erbarmen.
Es war erst zwölf Monate alt.
Kyrie, Kyrie, Kyrie eleison.

3. So kam über Nacht der Winter.
Die Rosen erfroren im Frost.
Wir weinen um unsere Kinder
und finden doch keinen Trost.
Wir schützten sie mit den Armen
und schrien vor Wut und Not.
Sie packten sie ohne Erbarmen.
Unsre Kinder, sie sind alle tot.
Kyrie, Kyrie, Kyrie eleison.

Denk nach!

Denk an die Kinder im Feindesland,
denk an die Tränen, die Angst!
Denk, wie dir selber zumute ist,
wenn du dich fürchtest und bangst!

Denk an die Mütter im Feindesland,
denk, wie sie weinen und schrein!
Wenn du von ihrer Verzweiflung weißt,
mußt du doch unruhig sein!

Denk an die Toten im Feindesland,
Menschen, wie wir welche sind!
Sie wollten leben – wie du und ich!
Sei für ihr Unglück nicht blind!

Krieg bringt viel Unheil, den Feinden
und uns.
Bleiben wir selbst wohl verschont?
Bete, daß bald auf der ganzen Welt
wieder der Friede wohnt!

Sr. Josephine Hirsch

Alle Rechte beim IMPULSE-Musikverlag Ludger Edelkötter,
Natorp 21, 4406 Drensteinfurt

Mensch werde menschlich

Kanon

Text: Wolfgang Poeplau
Musik: Ludger Edelkötter

1. Mensch wer - de mensch - lich!

2. Glau - be mir, es lohnt sich. in al - ler

Wel - ten - furcht, hal - te die Hoff - nung durch! Hal - te

3. durch, hal - te durch, hal - te durch!

Alle Rechte beim IMPULSE-Musikverlag Ludger Edelkötter,
Natorp 21, 4406 Drensteinfurt

Alle Knospen springen auf

Text: Wilhelm Willms
Musik: Ludger Edelkötter

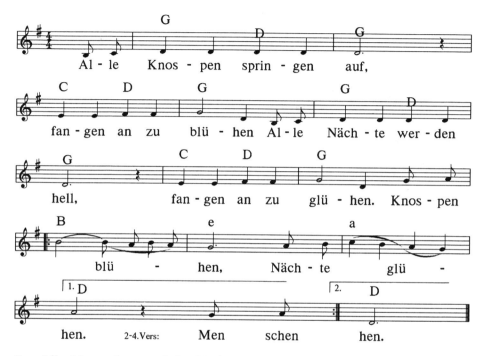

2. Alle Menschen auf der Welt
   fangen an zu teilen,
   alle Wunden nah und fern
   fangen an zu heilen.
   Menschen teilen – Wunden heilen
   Knospen blühen – Nächte glühen.

Alle Rechte beim IMPULSE-Musikverlag Ludger Edelkötter,
Natorp 21, 4406 Drensteinfurt

3. Alle Augen springen auf,
   fangen an zu sehen,
   alle Lahmen stehen auf,
   fangen an zu gehen.
   Augen sehen – Lahme gehen
   Menschen teilen – Wunden heilen
   Knospen blühen – Nächte glühen.

4. Alle Stummen hier und da,
   fangen an zu grüßen,
   alle Mauern tot und hart,
   werden weich und fließen.
   Stumme grüßen – Mauern fließen
   Augen sehen – Lahme gehen
   Menschen teilen – Wunden heilen
   Knospen blühen – Nächte glühen.

Alle Rechte beim IMPULSE-Musikverlag Ludger Edelkötter,
Natorp 21, 4406 Drensteinfurt

Jetzt ist die Zeit

Text: Alois Albrecht
Musik: Ludger Edelkötter

Jetzt ist die Zeit, jetzt ist die Stun-de. Heu-te wird ge-tan, o-der auch ver-tan, wo - rauf es an-kommt, wenn ER kommt. Der Herr wird nicht fra - gen: Was hast du ge - spart, was hast du al - les be - ses - sen? Sei - ne Fra - ge wird lau - ten: Was hast du ge - schenkt, wen hast du ge - schätzt um mei - net wil - len?

Kehrvers:

Jetzt ist die Zeit, jetzt ist die Stunde.
Heute wird getan, oder auch vertan,
worauf es ankommt,
wenn ER kommt.

2. Der Herr wird nicht fragen:
   Was hast du beherrscht,
   was hast du dir unterworfen?
   Seine Frage wird lauten:
   Wem hast du gedient,
   wen hast du umarmt
   um meinetwillen?

Kehrvers:

   Jetzt ist die Zeit, jetzt ist die Stunde ...

3. Der Herr wird nicht fragen:
   Was hast du bereist,
   was hast du dir leisten können?
   Seine Frage wird lauten:
   Was hast du gewagt,
   wen hast du befreit
   um meinetwillen?

Kehrvers:

   Jetzt ist die Zeit, jetzt ist die Stunde ...

4. Der Herr wird nicht fragen:
   Was hast du erreicht,
   was hast du Großes gegolten?
   Seine Frage wird lauten:
   Hast du mich erkannt,
   ich war dein Bruder
   um deinetwillen?

Kehrvers:

   Jetzt ist die Zeit, jetzt ist die Stunde ...

Herr, gib uns Deinen Frieden

Kanon

Text: Wolfgang Poeplau
Musik: Ludger Edelkötter

Herr, gib uns Dei-nen Frie-den, gib uns Dei-nen Frie-den, Frie-den, gib uns Dei-nen Frie-den, Herr, gib uns Dei-nen Frie-den.

Der Friede kommt von Gott

Der Friede sei mit euch,
der Friede sei mit euch.
er sei mit euch und nicht der Krieg!
Der Friede sei mit euch!

Der Friede kommt von Gott,
der Friede kommt von Gott.
Feindschaft und Streit sind nicht von ihm!
Der Friede kommt von Gott.

Gott will ihn nicht, den Krieg,
Gott will ihn nicht, den Krieg,
er segnet eure Waffen nicht!
Gott will ihn nicht, den Krieg!

Tragt Frieden in die Welt,
tragt Frieden in die Welt,
dann werdet ihr gesegnet sein.
Tragt Frieden in die Welt.

Sr. Josephine Hirsch

Alle Rechte beim IMPULSE-Musikverlag Ludger Edelkötter,
Natorp 21, 4406 Drensteinfurt

Geh mit uns

Text: Norbert Weidinger/Jutta Richter
Musik: Ludger Edelkötter

2. Wenn andere uns befehlen wollen,
   wir widersetzen uns.
   Wenn wir den Bruder töten sollen:
   – ohne uns!

Kehrvers:

Geh mit uns auf unserm Weg.
Geh mit uns auf unserm Weg.

Alle Rechte beim IMPULSE-Musikverlag Ludger Edelkötter,
Natorp 21, 4406 Drensteinfurt

3. Wir sind schon viele
   und es werden immer mehr.
   Wir wollen Frieden jetzt auf Erden.
   Wir sind Dein Friedensheer

Kehrvers:

   Geh mit uns auf unserm Weg.
   Geh mit uns auf unserm Weg.

Verheißung

Mögen alle Tiefen,
die ich mit den letzten Kräften
überschwimme,
mir auch drohend unbekannt sein –
Hoch im Blau
verheißt die Vogelstimme:
Irgendwo vor mir
muß Land sein!

Gudrun Pausewang

Alle Rechte beim IMPULSE-Musikverlag Ludger Edelkötter,
Natorp 21, 4406 Drensteinfurt

Aufhören soll nicht Tag und Nacht

Text: Hans Jürgen Netz
Musik: Ludger Edelkötter

So - lang die Er - de noch steht und die - se
Welt sich noch dreht, sol-len Saat und Ern-te, Frost und Hit-ze,
Som - mer und Win - ter nicht auf - hö - ren! Auf - hö - ren
soll nicht Tag und Nacht, gebt auf die Er - de acht, gebt auf die
Er - de acht Tag und Nacht. Auf - hö - ren Nacht.

2. Solang die Erde noch steht
und diese Welt sich noch dreht
sollen
Wind und Regen
Flut und Ebbe
Lachen und Weinen
nicht aufhören
aufhören soll nicht
Tag und Nacht
gebt auf die Erde acht

3. Solang die Erde noch steht
und diese Welt sich noch dreht
sollen
Licht und Schatten
Mond und Sonne
Glauben und Hoffen
nicht aufhören
aufhören soll nicht
Tag und Nacht
gebt auf die Erde acht

Wer?

Wer wird auf das Morgenrot
einmal das Wort FRIEDEN schreiben?
Auf den Rost der Panzerwagen,
und auf blutbefleckte Fahnen,
auf gesprengte Bunkertüren,
die zu Massengräbern führen?

Wer, wenn nicht du?

Wer wird auf die Meeresflut
einmal das Wort FRIEDEN schreiben?
Auf den Leib der toten Schiffe,
auf verseuchte Korallenriffe,
auf die unbestellten Felder,
auf atomverstrahlte Wälder?

Wer, wenn nicht du?

Wer wird auf den Sommerwind,
einmal das Wort FRIEDEN schreiben?
In die zarten Kinderhände,
auf die weißen Schulhauswände,
über Lieder, die wir singen,
auf die Flügel von Schmetterlingen.

Wer, wenn nicht du?

Wolfgang Poeplau

Alle Rechte beim IMPULSE-Musikverlag Ludger Edelkötter,
Natorp 21, 4406 Drensteinfurt

Für die eine Erde

Text: Eckart Bücken
Musik: Ludger Edelkötter

Gott schuf die Er-de für uns al-le, für Men-schen Tie-re und Na-tur, als Haus und Hei-mat sei-ner Schöp-fung und Raum für je-de Kre-a-tur. Für die ei-ne Er-de set-zen wir uns ein, daß sie ge-ret-tet wer-de. Herr, laß uns nicht al-lein. Für die laß uns nicht al-lein.

2. Gott schuf die vielen tausend Tiere.
   Ein jedes einzig und sehr schön,
   damit wir Menschen Sorge tragen,
   daß sie nicht schutzlos untergehn.

Kehrvers:

   Für die eine Erde
   setzen wir uns ein,
   daß sie gerettet werde.
   Herr, laß uns nicht allein.

3. Gott schuf die Pflanzen uns zum Segen
als Lebenszeichen für die Welt,
daß wir sie pflegen und erhalten,
als Hüter hat er uns bestellt.

Kehrvers:

Für die eine Erde ...

4. Gott schuf uns Menschen für die Liebe
mit Herzen, Händen und Verstand.
Er will uns mit uns selbst versöhnen,
daß Frieden wird in jedem Land.

Kehrvers:

Für die eine Erde ...

Für alle Bäume

Text: Hans Jürgen Netz
Musik: Ludger Edelkötter

Für al-le Bäu-me, die ü-ber-le-ben, für al-le Träu-me, die le-ben kön-nen, Ge-stalt an-neh-men, zum Le-ben wer-den, dem Le-ben nüt-zen und die Schöp-fung schüt-zen. Ein:

Kanon: 1. Hal-le-lu-ja, Hal-le-lu-ja,

2. Hal-le-lu-ja, Hal-le-lu-ja,

3. Hal-le-lu-ja, A-men.

2. Für alle Tiere, die überleben,
für alle Träume, die leben können,
Gestalt annehmen, zum Leben werden …

3. Für alle Menschen, die überleben,
für alle Träume, die leben können,
Gestalt annehmen, zum Leben werden …

Alle Rechte beim IMPULSE-Musikverlag Ludger Edelkötter,
Natorp 21, 4406 Drensteinfurt

Verhindert, daß die Welt zuschanden

Text: Josef Reding
Musik: Ludger Edelkötter

2. Verhindert, daß die Welt zerrissen
   von Haß, Profit und Kriegsgeschrei.
   Herr, Dein Gebot ist unser Willen:
   Wir Deine Schöpfung schützen müssen,
   und alle Kreatur wird frei.
   Und alle Kreatur wird frei.

Alle Rechte beim IMPULSE-Musikverlag Ludger Edelkötter,
Natorp 21, 4406 Drensteinfurt

3. Verhindert, daß die Seen verschlammen,
   daß vor der Zeit der Wald entlaubt.
   Herr, gib uns Mut, das zu verdammen,
   was Deiner Menschheit allzusammen
   das Brot, die Luft zum Atmen raubt.
   Das Brot, die Luft zum Atmen raubt.

Himmel und Hölle

Aus dem Himmel fallen geflügelte Bomben,
aus dem Himmel regnet gelber Staub.
Was ist mit unsrer Welt geschehen,
die Bäume werfen ab das Laub.
– Ist der Himmel – taub?

Aus dem Himmel sind die Engel vertrieben,
denn dort oben tobt die Flugzeugschlacht.
Sie suchen Schutz bei Menschenkindern,
die selber schutzlos in der Nacht.
– Was hat man mit uns – gemacht?

Aus dem Himmel stürzen die freundlichen Sterne,
und die Hoffnung wird zum Bombenziel.
Die Erde ist ein Feuerofen,
die Hölle dagegen Kinderspiel.
– Wir zählen nicht – viel.

In den Himmel sind schwarze Löcher geschossen,
in den Wolken zuckt noch roter Schein.
Dort wo wir einst in Gärten spielten,
wird jetzt wohl eine Wüste sein.
– Wann gehn wir endlich – heim?

Wolfgang Poeplau

Alle Rechte beim IMPULSE-Musikverlag Ludger Edelkötter,
Natorp 21, 4406 Drensteinfurt

Fürchtet euch nicht

Kanon

Text: Jutta Richter
Musik: Ludger Edelkötter

Angst macht blind, Angst macht stumm, Angst bringt Welt und Men - schen um. Mut macht stark, Mut macht groß, Mut macht al - le Ket - ten lo - s. Fürch - tet eu - ch nicht! Denn nach je-der Nacht kommt das hel-le Licht.

Alle Rechte beim IMPULSE-Musikverlag Ludger Edelkötter,
Natorp 21, 4406 Drensteinfurt

Wir wollen schaffen, Gott, ein Morgen

Text: Josef Reding
Musik: Ludger Edelkötter

Wir wol-len schaf-fen, Gott, ein Mor-gen, für al-le Men-schen le-bens-wert. Wir wol-len für den Nächs-ten sor - gen, bis der Be - dräng - te ist ge-bor - gen und bis der Hun - gern - de ge - nährt. und bis der Hun - gern - de ge - nährt.

2. Wir wollen schaffen, Gott, die Erde,
   nach Deinem Plan von Haß befreit,
   auf daß für alle Heimat werde,
   wo kein Raubtier schreckt die Herde,
   und kein Mensch vor Verzweiflung schreit,
   und kein Mensch vor Verzweiflung schreit.

3. Laß uns beginnen, Gott, im Heute,
   laß uns mit Dir den Tag bestehn
   und wachsen, daß der Mensch nicht Beute,
   nicht Opfer werde mächtiger Meute:
   wir wollen Dich im Nächsten sehn!
   wir wollen Dich im Nächsten sehn!

In allen Sprachen
Frieden singen

Text: Josef Reding
Musik: Ludger Edelkötter

Feu - er - zun - gen se - hen, Frem - de gut ver -
Vor - ur - teil zer - stö - ren, neu - e Bot - schaft

ste - hen. hö - ren! In al - len Spra - chen
al - len Völ - kern

Frie - den sin - gen, mit
Frie - den tun. Soll

Frie - den für die Welt ge - lin -
Frie - den die - se Welt durch - drin -

gen. soll gen, muß al - ler Haß für im - mer

ruhn! Muß al - ler Haß für im - mer ruhn!

2. Leere Hände füllen,
   Not und Hunger stillen,
   brüderlich umarmen,
   sich des Leids erbarmen.
   In allen Sprachen Frieden singen,
   mit allen Völkern Frieden tun.
   Soll Frieden für die Welt gelingen,
   soll Frieden diese Welt durchdringen,
   muß aller Haß für immer ruhn!
   Muß aller Haß für immer ruhn!

3. Eines Geistes handeln,
   diese Welt verwandeln.
   Gottes Botschaft künden,
   zueinander finden!
   In allen Sprachen Frieden singen,
   mit allen Völkern Frieden tun.
   Soll Frieden für die Welt gelingen,
   soll Frieden diese Welt durchdringen,
   muß aller Haß für immer ruhn!
   Muß aller Haß für immer ruhn!

Alle Rechte beim IMPULSE-Musikverlag Ludger Edelkötter,
Natorp 21, 4406 Drensteinfurt

Ich sing ein Lied vom Frieden

Text: Elisabeth Zöller
Musik: Ludger Edelkötter

Ich sing ein Lied vom Frie- den, das kei- ner sin- gen mag. Es ist noch klein, mein klei- nes Lied. Ich sing es Nacht und Tag, sing es Nacht und Tag.

2. Ich sing ein Lied vom Frieden,
    das keiner singen mag,
    ich sing es,
    daß es größer wird,
    ich sing es Nacht und Tag,
    sing es Nacht und Tag.

3. Ich sing ein Lied vom Frieden,
    das keiner singen mag,
    Du glaubst,
    es stirbt, mein kleines Lied,
    ich sing es Nacht und Tag,
    sing es Nacht und Tag.

Alle Rechte beim IMPULSE-Musikverlag Ludger Edelkötter,
Natorp 21, 4406 Drensteinfurt

Wenn wir Kinder uns lieben

Text: Dieter Frettlöh
Musik: Christoph Kruyer

Wenn wir Kin - der uns lie - ben, blüht ein Traum in je - der Nacht. Und der Mond er - zählt vom Frie - den, wie ihn Gott sich hat ge - dacht.

2. Wenn sich die Nachbarn lieben,
blühen Stacheldraht und Zaun
voller silberweißer Blüten,
und es wächst das Vertraun.

3. Wenn die Eltern sich lieben,
blüht daheim Geborgenheit
wie die großen Sonnenblumen,
und es welkt aller Streit.

4. Wenn die Völker sich lieben,
blühen Rosen im Gewehr,
und einander totzuschießen,
ja, das geht dann nicht mehr.

5. Wenn wir Kinder uns lieben,
   blüht ein Traum am hellen Tag.
   Und wir sehen, wenn wir üben
   was der Frieden vermag.

Die Kinder im Irak

Das Haus zerstört, die Stadt zerstört,
Rauch steigt aus schwarzen Trümmern.
Die Kinder kriechen aus dem Schutt.
Sie können nur noch wimmern.

Die Mutter tot, der Vater tot,
der Hund und auch die Ziegen.
Die Kinder haben überlebt.
Sie sehn die Toten liegen.

Was da geschah, verstehn sie nicht.
Sie können noch nicht hassen.
Stehn, eins ans andere geschmiegt,
so ganz und gar verlassen.

Seht ihr die Kinder im Irak,
im fernen Feuerschein?
Ihr, die ihr noch im Frieden lebt,
hört ihr sie denn nicht schrein?
Sie wollen nicht von aller Welt,
von euch vergessen sein.
Ach schließt die Kinder im Irak
in eure Liebe ein!

Gudrun Pausewang

Daß uns Gott behüte

Text: Jutta Richter
Musik: Ludger Edelkötter

Wenn ich mir was wün-schen dürf-te, wünsch-te ich mir ei-nen Traum, ei-ne bun-te Som-mer-wie-se, ei-nen bun-ten Ap-fel-baum. Ei-nen Freund, der mich ver-steht, der mich ger-ne mag, und daß uns Gott be-hü-te, jetzt und je-den Tag.

2. Wenn ich mir was wünschen dürfte,
wünschte ich mir großen Mut,
daß ich niemals ängstlich wäre,
leben könnte stark und gut.
Will nicht wüten, will nicht streiten,
weil ich das nicht mag,
und daß uns Gott behüte,
jetzt und jeden Tag.

3. Wenn ich mir was wünschen dürfte,
   wünschte ich der ganzen Welt
   einen großen, bunten Frieden,
   der für immer alle hält,
   und daß niemand Hunger hätte,
   alle wären satt,
   und daß uns Gott behüte,
   jetzt und jeden Tag.

Kein Krieg ist gerecht ...

Kein Krieg ist gerecht.
Kriege sind schlecht,
sind Meere von Blut,
sind tödliche Glut,
sind Morden und Schändung,
Verbrechen, Verblendung.

Kein Krieg wendet Not,
kein Krieg verschafft Brot.
Am Krieg man verdirbt,
an Kriegen man stirbt.
Kriege verheeren,
Kriege zerstören.

Josef Reding

Alle Rechte beim IMPULSE-Musikverlag Ludger Edelkötter,
Natorp 21, 4406 Drensteinfurt

Guten Morgen, liebe
Kathrin!
Muß jetzt leider los!
Dann hol "ihn" man
ab! Ganzt Rest weiß
schon von dem Ereignis!!
Frau Hetzeldersch, Brilla-
nte etc. Die Unterlagen
liegen oben bei Dir.
Wollen wir nachher
mit "ihm" zum Chinesen
oder sonstwo zum Essen
fahren u. ihn feiern? Du

Tu den Frieden im Kleinen

Text: Sr. Josephine Hirsch
Musik: Ludger Edelkötter

Tu den Frie - den im Klei - nen, halt das nicht für ge - ring. Auch der Frie - de im Klei - nen ist ein ganz gro - ßes Ding, ist ein ganz gro - ßes Ding.

2. Schon ein winziger Funke
   große Feuer entfacht.
   Auch ein winziger Funke
   hat schon riesige Macht!
   Hat schon riesige Macht!

3. Üb den Frieden im Kleinen,
   wenn's auch schwer manchmal fällt.
   Üb den Frieden im Kleinen,
   und du änderst die Welt.
   Und du änderst die Welt.

Alle Rechte beim IMPULSE-Musikverlag Ludger Edelkötter,
Natorp 21, 4406 Drensteinfurt

Gib acht, was du denkst

Text: Sr. Josephine Hirsch
Musik: Ludger Edelkötter

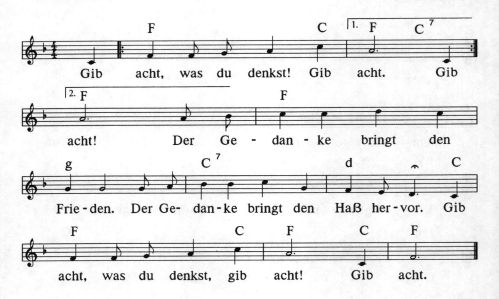

Gib acht, was du denkst! Gib acht. Gib
acht! Der Ge - dan - ke bringt den
Frie - den. Der Ge - dan - ke bringt den Haß her - vor. Gib
acht, was du denkst, gib acht! Gib acht.

2. Gib acht, was du sagst!
Gib acht.
Deine Worte bringen Frieden.
Deine Worte bringen Haß hervor.
Gib acht, was du sagst,
gib acht!
Gib acht.

3. Gib acht, was du tust!
Gib acht.
Deine Taten bringen Frieden.
Deine Taten bringen Haß hervor.
Gib acht, was du tust,
gib acht!
Gib acht.

Alle Rechte beim IMPULSE-Musikverlag Ludger Edelkötter,
Natorp 21, 4406 Drensteinfurt

Lieben ist besser als hassen

Text: Liselotte Rauner
Musik: Ludger Edelkötter

La - chen ist bes - ser als wei - nen.
Lie - ben ist bes-ser als has-sen. Hel-fen ist bes-ser als
ei - nen Men - schen im Stich zu las - sen.

2. Loben ist besser als rügen,
   freundlich sein besser als streiten,
   ehrlich sein besser als lügen,
   am besten ist Freude bereiten.

3. Wollen ist besser als müssen,
   friedlich sein besser als schlagen,
   und wenn wir was nicht wissen,
   dann ist nichts besser als fragen.

4. Lernen ist besser als dumm sein,
   mutig sein besser als zagen,
   sich aussprechen besser als stumm sein,
   sich wehren ist besser als Unrecht ertragen.

5. Lachen ist besser als weinen,
   lieben ist besser als hassen,
   helfen ist besser als
   einen Menschen im Stich zu lassen.

Ich wünsche dir den Frieden

Text: Wolfgang Poeplau
nach einem irischen Lied
Musik: Ludger Edelkötter

Den Frie - den der Mee - res - dü - nung, wünsch ich dir mein Kind. Den Frie - den der sanf - ten Bri - se, Boo - te im Ha - fen sind. Den Frie - den der schweig - sa - men Er - de, den Frie - den der Ster - nen - na - cht. Ich wün - sche dir den Frie - den der die Er - de be - wohn - bar macht.

2. Den Frieden der Frühlingsgräser,
   wünsch ich dir, mein Kind.
   Den Frieden der Kieselsteine,
   über die Wasser rinnt.
   Den Frieden des weichen Mooses,
   den Frieden der Fische im Meer.
   Ich wünsche dir den Frieden,
   die Erde sei dir nicht schwer.

Zum Schluß:

   Ich wünsche dir den Frieden,
   die Erde sei dir nicht schwer.
   Ich wünsche dir den Frieden,
   der die Erde bewohnbar macht.
   Ich wünsche dir den Frieden.

Irischer Wunsch für einen Toten:
Möge die Erde dir nicht schwer werden.

Schalom

Text: Rolf Krenzer
Musik: Ludger Edelkötter

Kehrvers:

Schalom, Schalom, rufe ich dir zu,
Schalom, Schalom, und so ruf auch du!
Schalom, Schalom, Friede sei mit dir,
Schalom mit dir und mir.
Schalom, Schalom Friede sei mit dir,
Schalom mit dir und mir.

2. Wenn ich dich seh
und vor dir steh,
bin ich nicht mehr allein,
denn dann kommst du
gleich auf mich zu,
und hängst dich bei mir ein.

Kehrvers:

Schalom, Schalom, rufe ich dir zu ...

3. Wenn ich dich seh
und vor dir steh,
und frag: tanzt du mit mir?
Ja, dann kommst du
gleich auf mich zu,
Schalom ,
so tanzen wir.

Kehrvers:

Schalom, Schalom, rufe ich dir zu ...

Alle Rechte beim IMPULSE-Musikverlag Ludger Edelkötter,
Natorp 21, 4406 Drensteinfurt

4. Mit Tanz und Spaß
    beginnt etwas,
    was so beginnt ist gut,
    doch dann trag du
    dein Teil dazu,
    Schalom und das macht Mut.

Kehrvers:

Schalom, Schalom, rufe ich dir zu ...

Wir wollen den Frieden nicht nur singen

Wir wollen den Frieden nicht nur singen,
wir wollen ihn auch leben.
Wir wollen anderen nichts rauben,
wir wollen lieber geben.

Wir wollen Streit und Feindschaft lassen,
wir wolln den Frieden üben.
Wir wolln nicht zanken und nicht hassen,
wir wollen lieber lieben.

Wir wollen unsre Umwelt schonen,
wir wolln sie nicht verderben.
Die Menschen sollen leben können,
die Tiere auch nicht sterben.

Kommt und baut am Frieden mit,
kommt und baut am Frieden mit,
kommt baut mit,
kommt baut mit,
kommt baut mit am Frieden!

Sr. Josephine Hirsch

Teil 2

Das
Leben
wagen

Das Leben wagen

Kanon

Text: Gudrun Pausewang
Musik: Ludger Edelkötter

Zur rech - ten Zeit trau - ern und
auch mal laut kla - gen. Doch trotz - dem im - mer das
Le - ben wa - gen! Das Le - ben wa - gen,
an al - len Ta - gen. Le - ben! Das
Le - ben, das Le - ben wa - gen! Zur

Jubellied

Und sollt ich auch taub sein, an Krücken gehn
und lallen und nicht mehr klar denken,
dann wäre das Leben, im ganzen gesehn,
für mich noch immer viel zu schön,
um die weiße Fahne zu schwenken.
Ich werd keinen Tag, keinen Augenblick
von meinem Leben verschenken!

Und werd ich schon stumm sein,
so werd ich mich doch
– trotz bitterer Erfahrung mit Krankheit und Joch
und Ohnmacht – noch lang nicht ergeben,
sondern den Blick, den letzten noch,
die Sonne spiegelnd, erheben:
Mein Gott – welche Lust zu leben!

Gudrun Pausewang

Alle Rechte beim IMPULSE-Musikverlag Ludger Edelkötter,
Natorp 21, 4406 Drensteinfurt

Maikäfer, flieg

Lied: Volksgut
Text: Karhans Frank

Mai - kä - fer, flieg. Dein Va - ter ist im Krieg. Mut - ter ist in Pom - mer - land. Pom - mer - land ist ab - ge - brannt. Mai - kä - fer flieg. Mai - kä - fer flieg.

Alle Rechte beim IMPULSE-Musikverlag Ludger Edelkötter,
Natorp 21, 4406 Drensteinfurt

Maikäfer, flieg

Maikäfer, Du
Maikäfer, flieg!
Wir wollen keinen Krieg.
Wir wollen kein Schlaraffenland,
Schlaraffenland ist abgebrannt.
Wir wollen Meere, Muscheln, Strand,
wir wollen Wiesen, Flüsse, Sand,
wir fordern Felder, Wälder, Blumen,
wir wünschen Brot und Kuchenkrumen,
wir mögen Milch und Apfelsinen,
wir wollen richtge Honigbienen,
wir heischen Schneck und Schnak und Wurm,
wir fürchten weder Wind noch Sturm,
wir möchten echte Vögel hören
und wollen keinen Hasen stören,
wir werden nicht die Welt verschandeln,
wir wollen träumen, denken, handeln,
wir wollen gern im Regen stehn
und wollen Dich gern wiedersehn,
Maikäfer, Dich.
Maikäfer flieg!
Wir wünschen Dir
und uns den Sieg.

Karlhans Frank

Alle Rechte beim IMPULSE-Musikverlag Ludger Edelkötter,
Natorp 21, 4406 Drensteinfurt

Angst

Text: Rolf Krenzer
Musik: Ludger Edelkötter

Hörst du: Ich ha - be Angst.

Du sagst, daß schlech - ter wird die Zeit.

Und ich spür die Trau - rig - keit,

wenn du mit den an - dern klagst und mich

strei - chelst, wenn du das sagst. Dann hab' ich Angst,

Angst. Hörst du: Ich ha - be

Angst! Dann

hab' ich kei - ne Angst! Dann

hab' ich kei - ne Angst!

2. Hörst du: Ich habe Angst!
   Hörst du: Ich habe Angst!
   Du sprichst von Arbeitslosigkeit,
   von Krieg, Gewalt und neuem Streit.
   Fragst, wohin dieser Weg wohl führt,
   und was einmal aus den Kindern wird.
   Dann hab ich Angst, Angst.
   Hörst du: Ich habe Angst!
   Hörst du: Ich habe Angst!

3. Hörst du: Ich habe Angst!
   Hörst du: Ich habe Angst!
   Du sagst, wie wertlos wird das Geld,
   viel zuviel Menschen auf der Welt.
   Überall nur Gift und Schmutz,
   nirgendwo mehr sicheren Schutz.
   Dann hab ich Angst, Angst.
   Hörst du: Ich habe Angst!
   Hörst du: Ich habe Angst!

4. Hörst du: Ich habe Angst!
   Hörst du: Ich habe Angst!
   Ich drücke mich ganz fest an dich
   und sage leise: "Ich fürchte mich!"
   Du sprichst gut zu mir, und ich werde still:
   "Es geschieht nichts, was Gott nicht will!"
   Und meine Angst, Angst?
   Dann hab ich keine Angst!

Alle Rechte beim IMPULSE-Musikverlag Ludger Edelkötter,
Natorp 21, 4406 Drensteinfurt

Flieg, Taube flieg

Text: Jutta Richter
Musik: Ludger Edelkötter

Flieg, Tau-be flieg. In mei-nem Land ist Krieg. In mei-nem Land ist Hun-gers-not. Es gibt kein Was-ser und kein Brot. Flie - g, Tau-be flieg. Flie - g, Tau-be flieg.

2. Flieg, Taube flieg.
    In unserm Land ist Krieg.
    Bei uns zu Haus wird niemand satt,
    weil Vater keine Arbeit hat.
    Flieg, Taube flieg.

3. Flieg, Taube flieg.
    In unserm Land ist Krieg.
    Ein dicker Mann ißt unser Brot,
    und meine Schwester ist schon tot.
    Flieg, Taube, flieg.

4. Flieg, Taube flieg.
    Wir wollen keinen Krieg.
    Wir träumen von der Friedensstadt,
    wo jeder Brot und Arbeit hat.
    Flieg, Taube flieg.

Krieg

Text: Sylvia Keyserling
Musik: Ludger Edelkötter

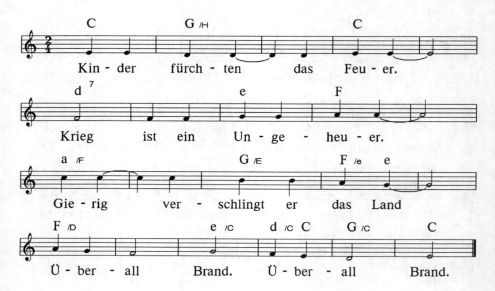

Kin - der fürch - ten das Feu - er.
Krieg ist ein Un - ge - heu - er.
Gie - rig ver - schlingt er das Land
Ü - ber - all Brand. Ü - ber - all Brand.

2. Kinder fliehen vorm Feuer.
   Krieg ist ein Ungeheuer.
   Straßen und Himmel voll Rauch.
   Hunger im Bauch. Hunger im Bauch.

3. Kinder starren ins Feuer.
   Krieg ist ein Ungeheuer.
   Kindern reicht niemand die Hand.
   Überall Brand. Überall Brand.

66

Alle Rechte beim IMPULSE-Musikverlag Ludger Edelkötter,
Natorp 21, 4406 Drensteinfurt

Wer das sagt macht Krieg

Text: Jutta Richter
Musik: Ludger Edelkötter

Mit so ei - nem, da spielst du nicht, der kann nicht rich - tig spre - chen! Der schiebt sich im - mer Knob - lauch rein und da - von muß ich bre - chen. Wer das sagt, macht Krieg. Wer das sagt, der ist ge - mein. Wer das sagt, soll nicht mei - ne Mut - ter sein. Mut - ter sein.

Alle Rechte beim IMPULSE-Musikverlag Ludger Edelkötter,
Natorp 21, 4406 Drensteinfurt

2. Vater:
   Mit so einem, da gehst du nicht,
   der lungert doch bloß rum!
   Wenn der arbeiten wollte, könnte er doch!
   Guck nicht so dumm!

   Kind:
   Wer das sagt macht Krieg.
   Wer das sagt, der ist gemein!
   Wer das sagt soll nicht mein Vater sein!

3. Kind:
   Mit meinen Eltern red ich nicht,
   die können nichts verstehn!
   Die sind doch vollkommen zugenagelt,
   am liebsten würd ich gehn!

   Eltern:
   Wer das sagt macht Krieg.
   Wer das sagt, der ist gemein!
   Wer das sagt, soll mein Sohn nicht sein!

Coda:
   Alle
   Wer das sagt macht Krieg.
   Wer das sagt, der ist gemein!
   Wer das sagt, soll nicht meine Tochter sein!

Alle Rechte beim IMPULSE-Musikverlag Ludger Edelkötter,
Natorp 21, 4406 Drensteinfurt

Trag Frieden in die Zeit

Text: Josef Reding
Musik: Ludger Edelkötter

Alle Rechte beim IMPULSE-Musikverlag Ludger Edelkötter,
Natorp 21, 4406 Drensteinfurt

69

Zeit und trägt doch Frie-den in die Zeit.

2. Wie nahe noch sind jene Jahre,
   da schrie die Menge: „Juden raus!"
   Und KZ's die Hölle waren
   und Massenmorden ward daraus.
   War den Mördern nicht bekannt,
   auch Christus aus dem Orient stammt.

Kehrvers:

   Ein Kind kommt aus dem Orient,
   das Gott als seinen Vater nennt.
   Es spürt den Haß, erlebt das Leid
   und trägt doch Frieden in die Zeit
   und trägt doch Frieden in die Zeit.

   Wer Krieg und Feindschaft liebt,
   der kommt im Krieg auch um.
   Wer laut nach Waffen schreit,
   ist bald für immer stumm!

   Sr. Josephine Hirsch

Erst nenne Bruder deinen Feind

Text: Josef Reding
Musik: Ludger Edelkötter

Erst nen - ne Bru - der dei - nen Feind und hilf, wenn je - mand drau - ßen weint. Laß kei - nen Bett - ler hun - grig stehn, dann darfst du Weih-nach-ten, dann darfst du Weih-nach-ten, dann darfst du Weih - nach - ten be - gehn.

2. Erst wisch den Zorn aus deinem Sinn,
   erst mußt du zu den Kranken hin.
   Im Fremden erst den Nächsten sehn.
   ... dann darfst du Weihnachten begehn.

3. Erst nimm die Obdachlosen an
   und lade sie als Gäste dann,
   wenn draußen eisig Winde wehn.
   ... dann darfst du Weihnachten begehn.

Alle Rechte beim IMPULSE-Musikverlag Ludger Edelkötter,
Natorp 21, 4406 Drensteinfurt

Was wachsen soll

Text: Josef Reding
Musik: Ludger Edelkötter

Was wach - sen soll ist nicht der Neid, nicht Hun - ger, Rüs - tung, Zank und Streit, nicht Feind - schaft und Ver - nich - tungs - lust, nicht Haß, nicht Angst in eig - ner Brust, nicht Haß nicht Angst in eig - ner Brust.

2. Was wachsen soll
   ist Schöpferkraft,
   die Lebensmut und Glauben schafft,
   die alle Menschen birgt und hält
   im Netz der Hoffnung für die Welt,
   im Netz der Hoffnung für die Welt.

72

3. Was wachsen soll
   ist nicht das Geld,
   nicht Reichtum, der auf Reiche fällt,
   nicht Terror, Knechtschaft, Übermacht,
   nicht Dunkel und auch nicht die Nacht.
   nicht Dunkel und auch nicht die Nacht.

4. Was wachsen soll
   ist nicht der Neid,
   nicht Hunger, Rüstung, Zank und Streit,
   nicht Feindschaft und Vernichtungslust,
   nicht Haß, nicht Angst in eigner Brust.
   nicht Haß, nicht Angst in eigner Brust.

Alle Rechte beim IMPULSE-Musikverlag Ludger Edelkötter,
Natorp 21, 4406 Drensteinfurt

Miguel

Text: Josef Reding
Musik: Ludger Edelkötter

Mi - gu - el war ge - rade zehn, da
mußt er in den Kau - tschuk gehn, in die Plan-
ta - gen von Don Cle - men - te; mie - ser
Lohn und kei - ne Ren - te, wenn man nicht mehr
kann, wenn man nicht mehr kann. Wen - det
mor - gen sich das Blatt? wird auch
Mi - gu - el mor - gen satt? No
no! Si si! No no! No
no! Si si! No no!

2. Miguel auf die zwanzig geht
   und immer noch im Kautschuk steht.
   Oft spürt er Stiche in der Lunge
   und schmeckt Blut auf seiner Zunge,
   wenn er nicht mehr kann,
   wenn er nicht mehr kann.
   Wendet morgen sich das Blatt?
   Wird auch Miguel morgen satt?
   No no! Si si! No no!
   No no! Si si! No no!

3. Heute wäre Miguel dreißig...
   seine Witwe betet fleißig,
   schuftet für die Kinder, was sie kann;
   morgen fängt ihr Sohn bei Don Clemente an,
   bis er nicht mehr kann,
   bis er nicht mehr kann.
   Wendet morgen sich das Blatt?
   Wird Sohn Miguel morgen satt?
   No no! Si si! No no!
   No no! Si si! No no!

Alle Rechte beim IMPULSE-Musikverlag Ludger Edelkötter,
Natorp 21, 4406 Drensteinfurt

Wenn einer sich erbarmt

Text: Jutta Richter
Musik: Ludger Edelkötter

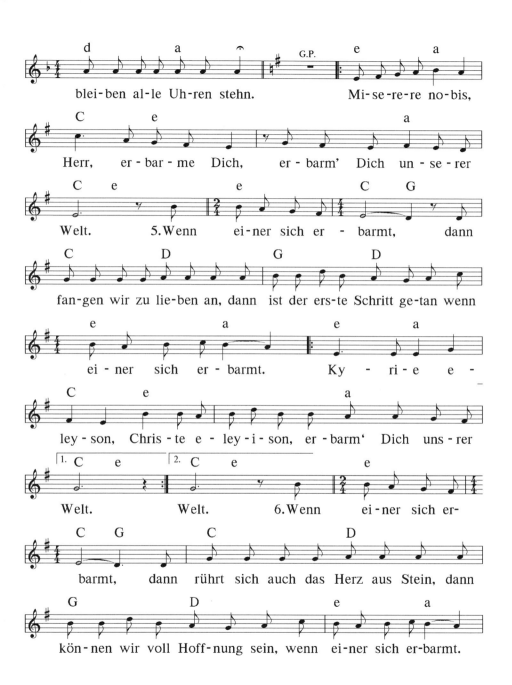

blei-ben al-le Uh-ren stehn.

Mi-se-re-re no-bis,

Herr, er - bar - me Dich, er - barm' Dich un - se - rer

Welt. 5.Wenn ei-ner sich er - barmt, dann

fan-gen wir zu lie-ben an, dann ist der ers-te Schritt ge-tan wenn

ei - ner sich er - barmt.

Ky - ri - e e -

ley - son, Chris - te e - ley - i - son, er - barm' Dich uns - rer

Welt. Welt. 6.Wenn ei-ner sich er-

barmt, dann rührt sich auch das Herz aus Stein, dann

kön-nen wir voll Hoff-nung sein, wenn ei-ner sich er-barmt.

Gebt meinem Bruder Brot

Text: Jutta Richter
Musik: Ludger Edelkötter

C	G	a	F

Gebt mei-nem Bru - der Brot. Gebt mei-nem Bru - der

C	G		C

Brot. Ich mag es nicht, wenn er Hun-ger hat, wenn er

F	G	C	G

Hun-ger hat, ess ich nicht! Gebt mei-nem Bru - der

a	C	G	C

Brot. Gebt mei - nem Bru - der Brot.

2. Gebt meiner Schwester Land!
   Gebt meiner Schwester Land!
   Ich mag nicht reich sein,
   wenn sie gar nichts hat.
   Wenn sie gar nichts hat,
   will ich nichts.
   Gebt meiner Schwester Land!
   Gebt meiner Schwester Land!

3. Gebt meinem Bruder Wasser!
   Gebt meinem Bruder Wasser!
   Ich mag nicht trinken,
   wenn er durstig ist.
   Wenn er durstig ist, trink ich nicht.
   Gebt meinem Bruder Wasser!
   Gebt meinem Bruder Wasser!

4. Gebt meiner Schwester Trost!
   Gebt meiner Schwester Trost!
   Ich kann nicht lachen,
   wenn sie weinen muß.
   Wenn sie weinen muß,
   lach ich nicht.
   Gebt meiner Schwester Trost!
   Gebt meiner Schwester Trost!

5. Gebt meinem Bruder Frieden!
   Gebt meinem Bruder Frieden!
   Ich bin nicht glücklich,
   wenn er kämpfen muß.
   Wenn er kämpfen muß, hab ich Angst.
   Gebt meinem Bruder Frieden!
   Gebt meinem Bruder Frieden!

6. Gebt meiner Schwester Lieder!
   Gebt meiner Schwester Lieder!
   Ich will nicht singen,
   wenn sie traurig ist.
   Wenn sie traurig ist,
   bleib ich stumm.
   Gebt meiner Schwester Lieder!
   Gebt meiner Schwester Lieder!

7. Laßt meinen Bruder leben!
   Laßt meine Schwester leben!
   Ich will nicht bleiben,
   wenn sie von mir gehn.
   Wenn sie von mir gehn,
   bin ich allein!
   Laßt meinen Bruder leben!
   Laßt meine Schwester leben!

Alle Rechte beim IMPULSE-Musikverlag Ludger Edelkötter,
Natorp 21, 4406 Drensteinfurt

Fragt, fragt, fragt

Text: Josef Reding
Musik: Ludger Edelkötter

Fragt, fragt, fragt, bis man euch ge-
sagt: Wa-rum die Son-nen-uhr nicht tickt, wa-
rum ein Nein-sa-ger nicht nickt, ob
Oh-ren Au-gen-li-der ha-ben, ob
man ver-si-chert Un-glücks-ra-ben? Fragt, fragt,
fragt, bis man euch ge-sagt.

2. Fragt, fragt, fragt,
    bis man euch gesagt:
    Ob nur der ein guter Mann,
    der am schnellsten schießen kann,
    ob nur das 'ne gute Frau,
    die am blanksten putzt den Bau?
    Fragt, fragt, fragt,
    bis man euch gesagt.

3. Fragt, fragt, fragt,
   bis man euch gesagt:
   Wie Vater eure Mutter nahm,
   wie Mutter schließlich euch bekam,
   warum man Grenzen noch errichtet,
   warum man Ernten heut vernichtet?
   Fragt, fragt, fragt,
   bis man euch gesagt.

4. Fragt, fragt, fragt,
   bis man euch gesagt:
   Warum der eine übersatt,
   der andere nichts zu beißen hat,
   warum die einen höher stehn,
   die anderen aber barfuß gehn?
   Fragt, fragt, fragt,
   bis man euch gesagt.

82

Alle Rechte beim IMPULSE-Musikverlag Ludger Edelkötter,
Natorp 21, 4406 Drensteinfurt

Kochrezept

Text: Wolfgang Poeplau
Musik: Ludger Edelkötter

Wir brau - chen Riech - salz, Schmeck - salz,
Fühl - salz und Denk - salz, neu - e Le - bens - wür - ze. Wir
müs - sen Tag für Tag und von Mahl zu Mahl
beim Früh - stück und zur Mit - tags - zeit beim Kaf -
fee und zur A - bend - zeit den Ma - gen an

1. neu - e Kost ge - wöh - nen. Wir brau - chen

2. wöh - nen. Ü - ber - fluß

am Tisch der Rei - chen. Wir

Alle Rechte beim IMPULSE-Musikverlag Ludger Edelkötter,
Natorp 21, 4406 Drensteinfurt

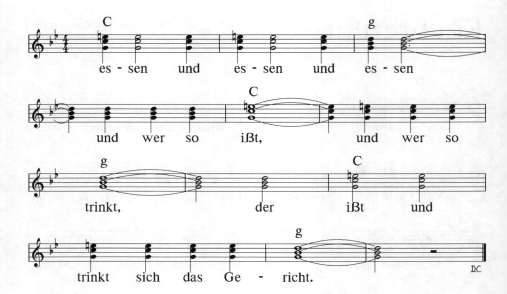

es - sen und es - sen und es - sen und wer so ißt, und wer so trinkt, der ißt und trinkt sich das Ge - richt.

2. Wir brauchen Schlankmacher, Wachmacher,
   Kritischmacher, Andersmacher, neue Lebenswürze.
   Wir müssen Tag für Tag und von Mahl zu Mahl
   ja Schluck für Schluck und schlückchenweise,
   häppchenweise, löffelweise, stäbchenweise,
   den Magen an neue Kost gewöhnen.
   Überfluß am Tisch der Armen.
   Wir teilen und teilen und teilen,
   und wer so ißt, und wer so trinkt,
   der ißt und trinkt ein neues Gericht.

Lied vom Überfluß

Text: Rolf Krenzer
Musik: Ludger Edelkötter

But-ter, Ho-nig, Mar-me-la-de, Gum-mi-bär-chen, Scho-ko-la-de,

Corn-flakes, Milch und sü-ßer Reis, Mar-zi-pan und Him-beer-eis.

Ja, ich leb im Ü-ber-fluß, wenn der and-re hun-gern muß.

2. Fleisch, Pommes frites und Jägersoße,
Reis mit Huhn, Fleisch aus der Dose,
Nudeln, Ketchup, Apfelbrei,
frisches Brot zum Frühstücksei.
Ja, ich leb im Überfluß,
wenn der andre hungern muß.

3. Äpfel, Pflaumen und Tomaten,
Kotelett, Schnitzel, Rinderbraten,
Sahne, Zucker zum Kaffee
und Zitrone in den Tee.
Ja, ich leb im Überfluß,
wenn der andre hungern muß.

4. Alle können besser leben,
wenn wir teilen, wenn wir geben,
daß ein jeder etwas hat,
denn dann werden alle satt.
Und es wird mein Überfluß
überflüssig dann zum Schluß.

Wir haben nur fünf Brote

Text: Wolfgang Poeplau
Musik: Ludger Edelkötter

Kehrvers:

Wir ha - ben nur fünf Bro - te, das reicht nicht lan - ge aus. Die Welt ist nicht im Lo - te, es wird ein Lei - chen - schmaus. Die Welt ist nicht im Lo - te, es wird ein Lei - chen - schmaus.

1. Aber ehrlich: wenn es noch
    so einfach wäre wie damals!
    Ja dann !
    Schwuppdiwupp und schon hatten
    2000 genug zu essen und trinken.
    Einfach so – aus Gnade heraus.
    Aber 2 Milliarden Menschen,
    einfach so wie damals?

Kehrvers:

Wir haben nur fünf Brote,
das reicht nicht lange aus.
Die Welt ist nicht im Lote,
es wird ein Leichenschmaus.
Die Welt ist nicht im Lote,
es wird ein Leichenschmaus.

2. Nun mal langsam: so dreckig
geht es uns ja nicht,
zumindest hier in Europa
und auch in Amerika und...
ja und auch drüben im Osten!
Ehrlich!
Und wegen der restlichen
2 Milliarden gleich die
Rüstungskosten einschränken?
Aus Nächstenliebe,
einfach wie damals?

Kehrvers:

Wir haben nur fünf Brote...

3. Also wenn sie mich fragen:
das ist alles ganz schön und gut,
das ganze fromme Gerede.
Aber wenn es darum geht,
den eigenen Gürtel enger zu schnallen
sehn se!
Wo sollte das auch hinführen,
wenn wir anfangen würden,
unseren Überfluß
in Körbe zu sammeln?

Das Lied vom Brot

Text: Osterhouis
Musik: Ludger Edelkötter

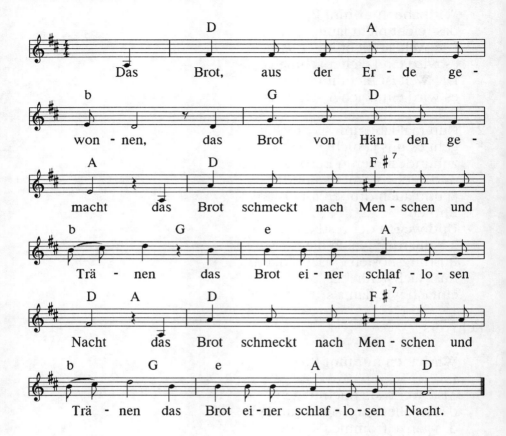

2. Das Brot des Kriegs und des Friedens,
   das täglich gleiche Brot,
   das fremde Brot einer Liebe,
   das steinerne Brot im Tod.

3. Das Brot, das wir teuer verdienen,
   das Geld, unser Leib und Genuß,
   das Brot des Zusammenlebens,
   der ärmliche Überfluß.

Alle Rechte beim IMPULSE-Musikverlag Ludger Edelkötter,
Natorp 21, 4406 Drensteinfurt

4. Das Brot, das wir essen müssen,
   das Brot, das dem Leben dient,
   wir teilen es miteinander,
   solange wir Menschen sind.

5. Du teilst es mit uns, und so teilst du
   dich selber für alle Zeit,
   ein Gott von Fleisch und von Blut du,
   ein Mensh, dem wir ewig geweiht.

Schön ist unsre Welt

Schön ist unsre Welt,
schön ist unsre Welt.
Macht die Umwelt nicht kaputt!
Schön ist unsre Welt!

Schön ist unsre Welt,
schön ist unsre Welt.
Wenn ihr sie durch Krieg zerstört,
was ist dann noch schön?

Schön ist unsre Welt,
schön ist unsre Welt.
Hegt und pflegt sie, sie ist's wert!
Schön ist unsre Welt!

Schön ist unsre Welt,
schön ist unsre Welt.
Lobet Gott, der sie gemacht.
Schön ist unsre Welt.

Sr. Josephine Hirsch

Alle Rechte beim IMPULSE-Musikverlag Ludger Edelkötter,
Natorp 21, 4406 Drensteinfurt

Wir teilen

Text: Wilhelm Willms
Musik: Ludger Edelkötter

Wir tei - len, wir tei - len tei - len die Äp - fel aus. Wir tei - len, wir tei - len Gar - ten und Haus. Wir Haus. Wir tei - len Freud und Leid, tei - len Bett und Kleid, tei - len Freud und Leid. Wir tei - len Bett und Kleid. Wir Kleid La la la, la la la la la la, la la

la, la la la la la la.

2. Wir teilen, wir teilen Hunger und Not.
   Wir teilen, wir teilen Wasser und Brot.
   Wir teilen das letzte Stück.
   Wir teilen Trauer, Glück.

3. Wir teilen, wir teilen, teilen die Äpfel aus.
   Wir teilen, wir teilen Garten und Haus.
   Wir teilen Erde, Meer.
   Uns fällt das Teilen schwer.

Gebet

Darum beten wir,
lieber Gott, zu Dir,
laß vom Himmel endlich Frieden regnen,
keiner sei mehr des anderen Feind,
daß in Freundschaft sich alle begegnen
weil nur Freundschaft die Menschen vereint.

Anneliese Lussert

Alle Rechte beim IMPULSE-Musikverlag Ludger Edelkötter,
Natorp 21, 4406 Drensteinfurt

Ein kleiner bunter Vogel

Text: Hans Jürgen Netz
Musik: Ludger Edelkötter

Ein klei - ner bun - ter Vo - gel fliegt im - mer um die Er - de. Weil er den Tief - flug kann sieht er sich al - les an. Ein er sich al - les an. Da

schla - fen sie am Stra - ßen - rand und dort im wei - chen Bett. Da es - sen sie die hand - voll Reis und dort ein dik - kes fet - tes Schwein.

klei - ne bun - te Vo - gel fliegt nicht mehr um die Er - de. Er hat jetzt ei - nen Baum und träumt dort sei - nen Traum. Der

träumt dort sei - nen Traum.

Alle Rechte beim IMPULSE-Musikverlag Ludger Edelkötter,
Natorp 21, 4406 Drensteinfurt

2. Da ist die große Trockenzeit
   dort alles überschwemmt.
   Da kennen sie kein ABC
   dort lesen sie ein schlaues Buch.

Kehrvers:

   Ein kleiner bunter Vogel
   fliegt immer um die Erde.
   Weil er den Tiefflug kann
   sieht er sich alles an.

3. Da tragen sie 'nen Fetzen Stoff
   und dort ein schönes Kleid.
   Da haben sie nur eine Kuh
   und dort 'ne ganze Milchfabrik.

Kehrvers: Ein kleiner bunter Vogel ...

4. Da sitzt man abends ohne Strom
   und dort vorm Fernsehschirm.
   Da zieht der Bauer seinen Pflug
   und dort machts ein Maschinenpark.

Kehrvers: Ein kleiner bunter Vogel ...

5. Im Park küßt sich ein Liebespaar,
   und der dort ist allein.
   Da hilft ein Freund dem andern Freund
   der Vogel denkt: "So soll es sein!"

Kehrvers:

   Der kleine bunte Vogel
   fliegt nicht mehr um die Erde.
   Er hat jetzt einen Baum
   und träumt dort seinen Traum.

Alle Rechte beim IMPULSE-Musikverlag Ludger Edelkötter,
Natorp 21, 4406 Drensteinfurt

Reiche teilen mit den Armen

Text: Eckart Bücken
Musik: Ludger Edelkötter

Rei-che tei-len mit den Ar-men. Fro-he ma-chen den Trau-ri-gen Mut. Star-ke set-zen sich für Schwa-che, für Schwa - che ein. Das wird ein Fest, das wird ein Fest, das wird ein Fest, das wird ein Fest sein.

2. Kranke feiern mit Gesunden.
Alte geben den Jüngeren Halt.
Gute werfen nicht den ersten Stein.
Das wird ein Fest,
das wird ein Fest,
das wird ein Fest sein.

3. Junge lachen mit den Alten.
Schöne werten nicht Häßliche ab.
Böse lassen sich auf Brave ein.
Das wird ein Fest,
das wird ein Fest,
das wird ein Fest sein.

94

4. Freunde reden mit den Feinden.
   Große stehen für Kleinere auf.
   Schlaue legen nicht die Dummen rein.
   Das wird ein Fest,
   das wird ein Fest,
   das wird ein Fest sein.

Sterben soll nur der Krieg

Friede nicht den Diktatoren,
nicht den Panzern und Kanonen,
denen nicht, die Menschen knechten,
die sie foltern und entrechten.
Krieg den Tätern, Krieg den Henkern,
Krieg den Schreibtisch – Schlachtenlenkern,
Krieg den Bomben, den Sirenen,
und den atomaren Plänen.

Friede nicht den Kriegsgewinnlern,
Rüstungsfirmen, Waffenhändlern,
denen nicht, die tausend Meilen
gutbezahlt zum Töten eilen.
Krieg dem Wahnsinn, der befohlen,
Krieg den Lügen und Parolen,
Krieg der Dummheit, dem Vergessen,
Generälen, machtbesessen.

Friede nicht den Selbstzufriednen,
nicht den Satten und den Biedren,
denen nicht, die nur mit Waffen
glauben Frieden herzuschaffen.
Krieg dem Haß, der in uns brennt,
Krieg dem Hochmut, der uns trennt,
Krieg dem Hunger, Krieg dem Leid,
Krieg der Teilnahmslosigkeit.

Keiner soll sterben für den Sieg:
Sterben soll nur der Krieg!

Wolfgang Poeplau

Streit

Text: Rolf Krenzer
Musik: Ludger Edelkötter

2. Streit, Streit, Streit.
    Es ist sehr schnell so weit.
    Wenn zwei sich nicht vertragen,
    wenn sie sich Böses sagen
    und endlich gar noch schlagen ...
    Ja, dann ist es so weit:
    Nichts als Streit, Streit, Streit!

3. Streit, Streit, Streit.
    Es ist sehr schnell so weit.
    Keiner will unterliegen,
    den andern nur besiegen.
    Und so kommt es zu Kriegen ...
    Ja, dann ist es so weit:
    Nichts als Streit, Streit, Streit!

4. Seid euch gut!
   Bezwingt doch eure Wut!
   Laßt es damit bewenden.
   Laßt uns den Streit beenden,
   faßt fest euch an den Händen,
   bezwingt doch eure Wut!
   Seid euch wieder gut!

Wesen von Hammerbö

Drachen leben auf Hammerbö
wie Überseeschiffe, so breit;
für zehntausend Menschen ein Zirkuszelt
ist ein einziges Drachenmaidkleid.

Die Herren der Drachen von Hammerbö
sind Wesen riesenhausgroß;
sie nehmen die Drachen von Hammerbö
zum Schmusen auf den Schoß.

Stark ist so ein Riese von Hammerbö.
Er könnte ganz ohne Stöhnen,
wenn er nur wollte (doch will er nicht)
New York auf den Rücken nehmen.

Es hebt so ein Riese von Hammerbö
niemals eine Stadt von der Erden!
Das kommt, weil die Wesen von Hammerbö
so klug sind, wie Menschen erst werden.

Du denkst nun, die Riesen von Hammerbö
sind groß, stark und klug vom Vielfressen?
Sie essen nie viel und sie fressen nichts kahl!
Solches Denken sollst Du vergessen.

Es leben die Wesen von Hammerbö
(die Riesen wie ihre Drachen)
vom Lieben, vom Lesen, von Fantasie,
von Küssen, Erzählen und Lachen.

Karlhans Frank

Alle Rechte beim IMPULSE-Musikverlag Ludger Edelkötter,
Natorp 21, 4406 Drensteinfurt

Wenn Freunde sich schlagen

Kuschelsong für Dorothea

Text: Rolf Krenzer
Musik: Ludger Edelkötter

Wenn Freun-de sich schla-gen und sich nicht ver-tra-gen und brül-len und to-ben und laut-hals schrein, dann will ich es wa-gen und strei-cheln statt schla-gen und zu ver-zeihn. Denn la-chen und wit-zeln und krau-len und kit-zeln ist schön so schön.

Haa-re ver-wu-scheln und schmu-sen und ku-scheln ist wun-der-, wun-der-schön wun-der-, wun-der-schön.

Alle Rechte beim IMPULSE-Musikverlag Ludger Edelkötter,
Natorp 21, 4406 Drensteinfurt

2. Wenn Brüder und Schwestern
   sich zanken und lästern,
   dann sage ich ärgerlich
   dazu: Nein!
   Vertragt euch! Seid friedlich!
   Dann wird es gemütlich
   zu Hause sein!

Kehrvers:

   Denn lachen und witzeln
   und kraulen und kitzeln
   ist schön, so schön!
   Haare verwuscheln
   und schmusen und kuscheln
   wunder – wunderschön!

3. Wenn Eltern sich streiten,
   das kann ich nicht leiden!
   Dann wäre ich lieber
   ganz anderswo.
   Doch wenn sie sich herzen
   und schmusen und scherzen,
   bin ich auch froh.

Kehrvers: Denn lachen und witzeln ...

4. Was kann es im Leben
   noch Schöneres geben:
   Von Vater und Mutter
   ins Bett gebracht!
   Ein Lied und ein Küßchen.
   Wir schmusen ein bißchen
   und gute Nacht!

Kehrvers: Denn lachen und witzeln ...

Alle Rechte beim IMPULSE-Musikverlag Ludger Edelkötter,
Natorp 21, 4406 Drensteinfurt

Friede

Text: Sr. Josephine Hirsch
Musik: Ludger Edelkötter

Frie - de mit mir selbst, Frie - de
auch mit dir, Frie - de mit den
Haus - ge - nos - sen, Frie - de,
Frie - de, Frie - de ü - ber - all.

2. Friede unsrer Stadt,
   Friede unserm Land,
   Friede jedem Land auf Erden,
   Friede, Friede, Friede überall!

3. Friede sei mit mir,
   Friede sei mit dir,
   Friede sei mit allen Menschen,
   Friede, Friede, Friede überall.

Alle Rechte beim IMPULSE-Musikverlag Ludger Edelkötter,
Natorp 21, 4406 Drensteinfurt

Ich gebe dir die Hände

Text: Rolf Krenzer
Musik: Ludger Edelkötter

Ich ge - be dir die Hän - de und
schau dir ins Ge - sicht. Daß wir so ganz ver -
schie - den sind, daß stört uns bei - de nicht. Ich
ge - be dir die Hän - de, da kann es je - der
sehn, daß du und ich, daß ich und du, daß
wir uns gut ver - stehn. La la la
la la, la la la la la la, la
la la la la la la la la la la la la la.

Alle Rechte beim IMPULSE-Musikverlag Ludger Edelkötter,
Natorp 21, 4406 Drensteinfurt

2. Wir bauen eine Brücke
vom Mensch zum Menschen dann
mit Liebe und mit Zuversicht.
Vertraue dich mir an!
Wir halten uns die Hände
und wolln die Brücke baun,
daß du und ich, daß ich und du
einander stets vertraun.

3. So stark wird diese Brücke
vom Mensch zum Menschen sein.
Und wenn wir fest zusammenstehn,
dann stürzt sie niemals ein.
Wir halten uns die Hände
und wolln die Brücke baun,
daß du und ich, daß ich und du
einander stets vertraun.

Wir wollen Frieden

Text: Sr. Josephine Hirsch
Musik: Ludger Edelkötter

Wir wolln den Frie - den nie - mals
mis - sen, wir wol - len kei - nen Streit. Wir
wol - len Zwist und Kampf ver - mei - den, sie
stif-ten doch nur Leid, sie stif-ten doch nur Leid.

2. Wir wolln auch jene Menschen lieben,
   die anders sind als wir.
   Wir wolln sie zu verstehen suchen
   und sagen: Bleibt doch hier!
   Und sagen: Bleibt doch hier!

3. Wenn jeder Eintracht liebt und Frieden
   und jedem läßt sein Teil,
   dann wird es niemals Kriege geben,
   dann bleibt die Erde heil!
   Dann bleibt die Erde heil!

Alle Rechte beim IMPULSE-Musikverlag Ludger Edelkötter,
Natorp 21, 4406 Drensteinfurt

Ich bin so gern bei dir

Text: Rolf Krenzer
Musik: Ludger Edelkötter

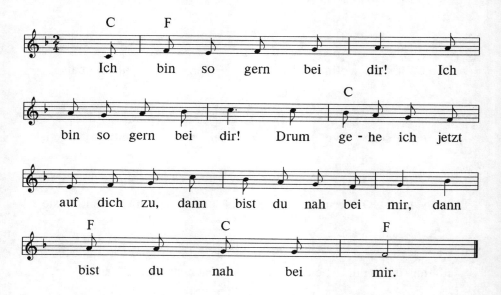

Ich bin so gern bei dir! Ich bin so gern bei dir! Drum ge-he ich jetzt auf dich zu, dann bist du nah bei mir, dann bist du nah bei mir.

2. Ich geb dir meine Hand.
   Ich geb dir meine Hand.
   Und wenn wir zwei zusammen stehn,
   dann sind wir gleich bekannt,
   dann sind wir gleich bekannt.

3. Ich geb dir meinen Arm.
   Ich geb dir meinen Arm.
   Und wenn wir zwei zusammen gehn,
   dann wird es mir ganz warm,
   dann wird es mir ganz warm.

4. So tanze ich mit dir.
   Und so tanzt du mit mir.
   Und alle Leute, die das sehn,
   die machens so wie wir,
   die machens so wie wir!

Alle Rechte beim IMPULSE-Musikverlag Ludger Edelkötter,
Natorp 21, 4406 Drensteinfurt

Wir wollen mitein-ander gehn

Text: Rolf Krenzer
Musik: Ludger Edelkötter

2. Wir wollen miteinander gehn,
   und willst du bei mir sein,
   dann bleibe nicht am Rande stehn,
   und du bist nicht allein.
   Und du,
   und du,
   und du bist nicht allein.

3. Ich bitte dich, wenn ich dich seh,
   bleib ganz nah neben mir,
   damit ich nicht alleine geh
   und dich ein bißchen spür.
   Und dich,
   und dich,
   und dich ein bißchen spür.

Meine betrübten Hände

Meine betrübten Hände
leg ich
in deine Wunden

Zeichne meine Hände

Ich will dein Mal
tragen
Mutter Erde

Sylvia Keyserling

Alle Rechte beim IMPULSE-Musikverlag Ludger Edelkötter,
Natorp 21, 4406 Drensteinfurt

Ich laß dich nicht im Regen stehn

Text: Liselotte Rauner
Musik: Ludger Edelkötter

Vers:

Manch mal ist man sehr al - lei - ne, sucht nach Grün - den
Laß dir ra - ten, bleib' nicht län - ger ab - seits, sei kein

fin - det kei - ne und schiebt an - dern so wie du,
Ein - zel - gän - ger. Wer al - lein ist, hat es schwer,

flugs den schwar - zen Pe ter zu.
und das Herz wird men - schen - leer.

Kehrvers:

Wir las - sen dich nicht im Re - gen stehn, komm gib mir dei - ne

Hand. Wir woll'n der Son - ne ent - ge - gen - gehn, die

hin - ter Wol - ken ver - schwand, die hin - ter Wol - ken ver -

1. schwand. Wir
2. schwand.

Alle Rechte beim IMPULSE-Musikverlag Ludger Edelkötter,
Natorp 21, 4406 Drensteinfurt

2. Ist dir manchmal, was du solltest
   nicht gelungen, wie du wolltest,
   dann frag doch bei Freunden an,
   ob dir einer helfen kann.

   Denn ein Freund teilt auch die Sorgen,
   ist bereit, dir Mut zu borgen,
   und verläßt ihn mal das Glück,
   gibst du ihm den Mut zurück.

Kehrvers:

   Wir lassen dich nicht im Regen stehn,
   komm gib mir deine Hand.
   Wir wolln der Sonne entgegen gehn,
   die hinter Wolken verschwand.

3. Alles was wir andern geben,
   das bereichert unser Leben.
   Arm ist nur, wer niemals schenkt
   und nur an sich selber denkt.

   Wenn wir miteinander lachen,
   reden, träumen, Pläne machen,
   werden mit vereinter Kraft,
   die Probleme abgeschafft.

Kehrvers:

   Wir lassen dich nicht im Regen stehn,
   komm gib mir deine Hand.
   Wir wolln der Sonne entgegen gehn,
   die hinter Wolken verschwand.

Alle Rechte beim IMPULSE-Musikverlag Ludger Edelkötter,
Natorp 21, 4406 Drensteinfurt

Setz Beinchen vor Beinchen

Text: Josef Reding
Musik: Ludger Edelkötter

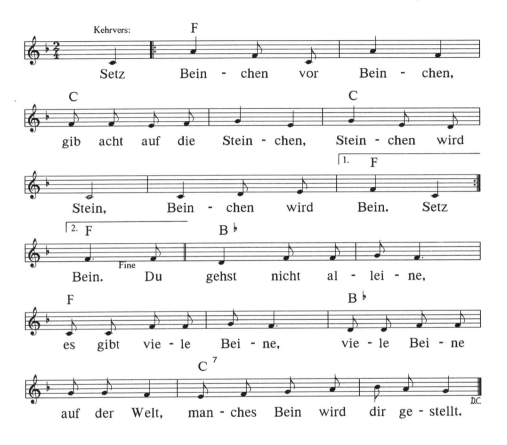

2. Steckt das Bein in zarten Maschen,
   darfst du purzelnd danach haschen,
   steckt das Bein im Lederrohr,
   dann mein Junge sieh dich vor.

3. Bein mit Stiefel und mit Sporen,
   wer das liebt ist bald verloren,
   wer marschieret stramm und stolz
   kommt zu einem Bein aus Holz.

4. Viele Beine auf der Welt –
   manches Bein wird dir gestellt,
   eins davon bringt dich zu Fall
   hier und dort und überall.

Rechthaberei

Die Preußen und die Reußen,
die hatten beide RECHT!
Sie fingen an zu scheußen,
da ging es beiden schlecht,
denn bei der großen Scheußerei
ging Preuß und Reuß und Recht
entzwei, drei, vier und rechts,
drei, vier,
rechts,
rechts,
Recht, drei, vier ...

Karlhans Frank

Alle Rechte beim IMPULSE-Musikverlag Ludger Edelkötter,
Natorp 21, 4406 Drensteinfurt

Klaus Teddy's Mutmachlied

Text: Jutta Richter
Musik: Ludger Edelkötter

Vers:

Klaus Ted - dy war ein gu - ter Jung', war
lieb und brav und gar nicht dumm. Nur ein - mal wollt' er
mu - tig sein, er sprang ins tie - fe Was - ser rein. Da
hat er sich dann voll ge - saugt und
ist nie wie - der auf - ge - taucht.

Kehrvers:

So geht's dir, wenn du brav bist, ge -
dul - dig wie ein Schaf bist. Denn
mu - tig sein, ihr Lie - ben muß man ü - ben,

Alle Rechte beim IMPULSE-Musikverlag Ludger Edelkötter,
Natorp 21, 4406 Drensteinfurt

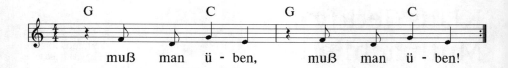

muß man ü - ben, muß man ü - ben!

2. Franz Biber war ein Musterkind.
   Er macht den Diener ganz geschwind.
   Nur einmal bückt' er sich zu tief.
   Fiel auf's Gesicht, die Nase lief.
   Da haben sie ihn ausgelacht,
   und er hat nachts ins Bett gemacht.

Kehrvers:

   So geht's dir, wenn du brav bist,
   geduldig wie ein Schaf bist.
   Denn grade gehn, ihr Lieben,
   muß man üben, muß man üben!

3. Fritz Qualle sagte niemals nein.
   Er schaufelte alles in sich rein.
   Aß immer seinen Teller leer.
   Gab man ihm viel, dann aß er mehr.
   Er wurde schließlich kugelrund.
   Und das war furchtbar ungesund.

Kehrvers:

   So geht's dir, wenn du brav bist.
   Geduldig wie ein Schaf bist.
   Denn nein sagen, ihr Lieben,
   muß man üben, muß man üben!

4. Hans Igel fürchtete sich sehr.
   Er nahm im Leben alles schwer.
   Er fand sich häßlich und zu klein
   und spielte meistens ganz allein.
   So hat er's Jahr für Jahr gemacht,
   an's Größerwerden nicht gedacht.

112

Alle Rechte beim IMPULSE-Musikverlag Ludger Edelkötter,
Natorp 21, 4406 Drensteinfurt

Kehrvers:

So geht's dir, wenn du brav bist.
Geduldig wie ein Schaf bist.
Denn groß werden, ihr Lieben,
muß man üben, muß man üben.

Wer wird dich retten?

Es ist besser, du schaust weg,
hältst dich aus allem heraus,
schweigst oder wiegst nur den Kopf.
Es ist besser, du verbrennst dir nicht die Zunge,
trittst nicht ins Fettnäpfchen,
hast keine Meinung, blamierst dich nicht.
Es ist besser, du läßt andere Hand anlegen,
Kopf und Kragen riskieren.

Woher nimmst du die Gewißheit,
daß in der Stunde der Not,
jemand kommen wird,
um dich zu retten?

Wolfgang Poeplau

Alle Rechte beim IMPULSE-Musikverlag Ludger Edelkötter,
Natorp 21, 4406 Drensteinfurt

Eine Brücke laßt uns bauen

Text: Josef Reding
Musik: Ludger Edelkötter

Kehrvers:

Ei - ne Brük - ke laßt uns bau - en von hier bis an des Him - mels Rand, ei - ne Brük - ke aus Ver - trau - en je - dem Men - schen, je - dem Land! ei - ne

Men - schen, je - dem Land! Wie stark soll uns - re Brük - ke sein? Sie soll al - le Men - schen tra - gen, al - le Men - schen, die es wa - gen, zur Ge - wohn - heit NEIN zu sa - gen. So stark soll uns - re Brük - ke sein! So stark soll uns - re Brük - ke sein! So stark soll uns - re

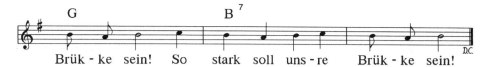

G   B⁷

Brük - ke sein! So stark soll uns - re Brük - ke sein!

2. Wie breit soll unsre Brücke sein?
   Daß Hand in Hand Menschen schreiten,
   daß man Blinde kann begleiten,
   daß man Lahme kann begleiten.
   So breit soll unsre Brücke sein!
   So breit soll unsre Brücke sein!

Kehrvers:

Eine Brücke laßt uns bauen
von hier bis an des Himmels Rand.
Eine Brücke aus Vertrauen
jedem Menschen, jedem Land!

3. Wie lang soll unsre Brücke sein?
   Daß sie den Abrund überwindet,
   daß du und ich und jedermann,
   den Himmel erreichen kann.
   So lang soll unsre Brücke sein!
   So lang soll unsre Brücke sein!

Kehrvers:

Ein Brücke laßt uns bauen ...

Alle Rechte beim IMPULSE-Musikverlag Ludger Edelkötter,
Natorp 21, 4406 Drensteinfurt

Guten Morgen, Europa!

Text: Josef Reding
Musik: Ludger Edelkötter

Vers:

Gu - ten Mor - gen, Eu - ro - pa, nun fang end - lich an. Fa - mi - lie zu sein für Kind, Frau und Mann. Vom Nord - kap bis Kre - ta, At - lan - tik, U - ral. Es wird im - mer spä - ter, werd wach erst ein - mal!

Kehrvers:

Eu - ro - pa, du bist längst schon da: mit Ro - me - o und Ju - li - a, mit Wie - ner Würst - chen, Boul - la - baisse, Ti - ro - ler Speck und Schwei - zer - käs, mit Don Qui - chott und Wer - thers Leid, mit

Smö - re - bröd und Fa - schings - freud, mit

Ro - lands - lied und Pol - ka - tanz: Eu-

ro - pa wer - de bit - te ganz!

2. Guten Morgen, Europa
   nun fang endlich an
   ein Erdteil zu sein, der Frieden kann
   vom Nordkap bis Kreta
   Atlantik, Ural.
   Es wird immer später
   werd wach erst einmal.

Kehrvers:

Europa, du bist längst schon da:
mit Romeo und Julia,
mit Wiener Würstchen, Boullabaisse,
Tiroler Speck und Schweizerkäs,
mit Don Quichotte und Werthers Leid,
mit Smörebröd und Faschingsfreud,
mit Rolandslied und Polkatanz:
Europa: werde bitte ganz

Alle Rechte beim IMPULSE-Musikverlag Ludger Edelkötter,
Natorp 21, 4406 Drensteinfurt

3. Guten Morgen, Europa
nun fang endlich an
Heimat zu sein, für jedermann
vom Nordkap bis Kreta
Atlantik, Ural.
Es wird immer später
werd wach erst einmal.

Kehrvers:

Europa, du bist längst schon da...

4. Guten Morgen, Europa
nun fang endlich an
die Schöpfung zu schützen,
wie Gott sie ersann
vom Nordkap bis Kreta
Atlantik, Ural.
Es wird immer später
werd wach erst einmal.

Alle Rechte beim IMPULSE-Musikverlag Ludger Edelkötter,
Natorp 21, 4406 Drensteinfurt

Wir wünschen

Text: Hans-Jürgen Netz
Musik: Ludger Edelkötter

Wir wün - schen, daß je - des Kind auf der
Welt la - chen kann. Wir wün - schen, daß je - des
Kind auf der Welt la - chen kann. Wir
sin - gen die - sen Wunsch bis er sich er -
füllt, für euch und auch für uns,
sin - gen die - sen Wunsch. La la la la la,
la la la la la la la,
la la la la la, la la la la la la la.

Alle Rechte beim IMPULSE-Musikverlag Ludger Edelkötter,
Natorp 21, 4406 Drensteinfurt

2. Wir wünschen, daß jeder Mensch
   auf der Welt Freunde hat.
   Wir wünschen, daß jeder Mensch
   auf der Welt Freunde hat.
   Wir singen diesen Wunsch,
   bis er sich erfüllt, für euch
   und auch für uns,
   singen diesen Wunsch.

3. Wir wünschen, daß jedes Volk
   auf der Welt Frieden hat.
   Wir wünschen, daß jedes Volk
   auf der Welt Frieden hat.
   Wir singen diesen Wunsch,
   bis er sich erfüllt, für euch
   und auch für uns,
   singen diesen Wunsch

Alle Rechte beim IMPULSE-Musikverlag Ludger Edelkötter,
Natorp 21, 4406 Drensteinfurt

Abends, wenn du schläfst

Für Benjamin und Lena

Text: Jutta Richter
Musik: Ludger Edelkötter

A - bends, wenn du schläfst, und es ist ganz
still im Haus, a - bends, wenn du schläfst,
denk ich mir dein Le - ben aus, denk ich mir dein
Le - ben aus. 1.Und ich den - ke was du brauchst,
kann so viel nicht sein, Bett und Tisch und Brot und Haus,
Bäu - me Son - nen - schein. 2.Nicht die gan - ze Welt,
nur die Mächt' - gen strei - ten sich, und für - ih ren Krieg,

Alle Rechte beim IMPULSE-Musikverlag Ludger Edelkötter,
Natorp 21, 4406 Drensteinfurt

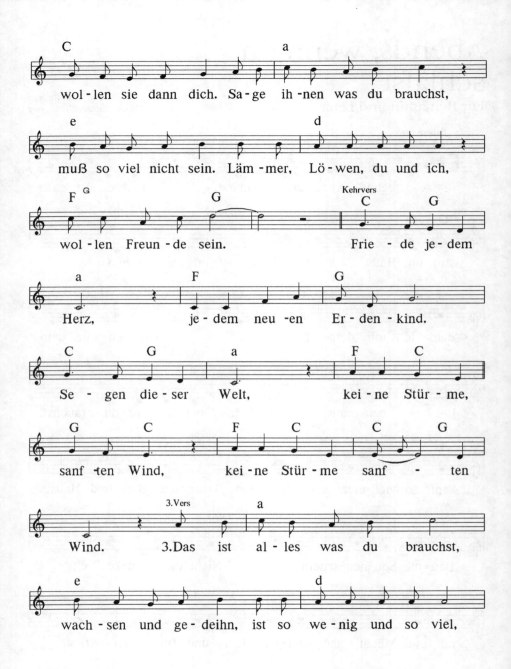

C   a

wol - len sie dann dich. Sa - ge ih - nen was du brauchst,

e   d

muß so viel nicht sein. Läm - mer, Lö - wen, du und ich,

F G   G   Kehrvers
                                  C   G

wol - len Freun - de sein.   Frie - de je - dem

a   F   G

Herz,   je - dem neu - en Er - den - kind.

C   G   a   F   C

Se - gen die - ser Welt,   kei - ne Stür - me,

G   C   F   C   C   G

sanf - ten Wind,   kei - ne Stür - me sanf - ten

          3.Vers   a

Wind. 3.Das ist al - les was du brauchst,

e   d

wach - sen und ge - deihn, ist so we - nig und so viel,

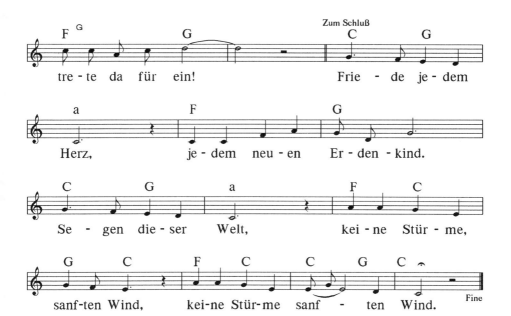

Zum Schluß

tre - te da für ein! Frie - de je - dem

Herz, je - dem neu - en Er - den - kind.

Se - gen die - ser Welt, kei - ne Stür - me,

sanf - ten Wind, kei - ne Stür - me sanf - ten Wind. *Fine*

Teil 3

Ich will
in dieser Zeit
nicht
schweigen

Lied gegen die Mutlosigkeit

Text: Ilse Schulenburg
Musik: Ludger Edelkötter

Ich will in die-ser Zeit nicht schwei-gen, wo al-les schweigt, weil es so leich-ter ist, ich bin nicht stumm, ge- hör nicht zu den Fei-gen, wenn die Ohn-macht an un-sern Her-zen frißt. Ich will mich nicht un-ter-krie-gen las-sen,

2. Ich will in dieser Zeit nicht resignieren,
   auch wenn das Dunkel immer schwärzer wird,
   ich hab noch so vieles zu verlieren,
   der Kampf ist lange nicht zu Ende geführt.
   Ich will mich nicht zermürben lassen,
   will Sand sein im Getriebe dieser Welt,
   will knirschen und will stören,
   die Hoffnung uns vermehren
   nicht leben, wie's den Mächtigen gefällt.

3. Ich will nicht so schnell verbittert werden
   und glaube, daß es weitergehen wird.
   Ich will nicht an der Mutlosigkeit sterben,
   glaub, daß durch Hoffnung sich neues Leben rührt.

Alle Rechte beim IMPULSE-Musikverlag Ludger Edelkötter,
Natorp 21, 4406 Drensteinfurt

Die Zeit ist da für ein Nein zu Massenvernichtungswaffen

Kanon

Text: Friedenskampagne Kirchentag
Musik: Ludger Edelkötter

Die Zeit ist da für ein Nein! Die Zeit ist da für ein Nein, ein Nein! oh-ne je-des Ja. Sag Nein. Sag Nein! Sag die

Denkmal des unbekannten Soldaten

Es gibt keinen unbekannten Soldaten.
Jeder Mensch hat Vater, Mutter,
Frau, Freunde, Kinder.
Es gibt keinen unbekannten Soldaten.
Wir haben nur versäumt,
nach dem Namen zu fragen.

Wolfgang Poeplau

General

Text: Aus dem Schi-king (11.-7. Jahrh.v.Chr.)
Musik: Ludger Edelkötter

General! Wir sind des Kai-sers Lei-ter und Spros-sen! Ge-ne-ral! Wir sind wie Was-ser im Fluß ver-flos-sen. Nutz-los hast du un-ser ro-tes Blut ver-gos-sen. Ge-ne-ral! Ge-ne-ral! Ge-ne-ral!

2. General!
   Wir sind des Kaisers Adler und Eulen!
   General!
   Unsre Kinder hungern ... Unsre Weiber
   heulen ...
   Unsre Knochen in fremder Erde fäulen.
   General! General! General!

3. General!
   Deine Augen sprühen Furcht und Hohn!
   General!
   Unsre Mütter im Fron haben kargen
   Lohn ...
   Welche Mutter hat noch einen Sohn?
   General! General! General!

Angriffshöhe Zehntausend

Text: Wolfgang Poeplau
Musik: Ludger Edelkötter

Joe in zehn-tau-send Me-tern, zieht sei-ne ein-sa-me Bahn über den blau-en Pla-ne-ten, von dem al-les Le-ben kam. Schnee-be-deck-te Ber-ge, das Meer wie ein sil-ber-nes Band. Grü-ne O-a-sen leuch-ten mit-ten im Wü-sten-sand.

2. Joe in zehntausend Metern,
   das Ziel von Zwo-Eins-Vier.
   Strahlen der Sonne brechen
   sich rötlich im Bombenvisier.
   Joe liebt diese Erde,
   ihr faltiges Gesicht,
   braune Äcker und Felder,
   Städte im Abendlicht.

3. Joe in zehntausend Metern,
   im Cockpit seiner Phantom.
   Computergesteuerte Waffen
   mit tödlicher Präzision.
   Joe folgt nur Befehlen,
   Joe will bald nach Haus.
   Ein letzter Blick nach unten –
   dann klinkt er die Bombe aus.

Trüber Tag

Ich nehme dich an, du trüber Tag,
du Nebel – Landschaft, grau verschwommen.
Du Trauer, ich verdräng dich nicht:
Sei ab und zu willkommen.

Nur wer mit Inbrunst trauern kann,
der kann sich auch unbändig freuen.
Gott – oder wers auch immer sei,
mög in mein Lebens – Einerlei
auch Grund zur Trauer streuen.

Gudrun Pausewang

Nachruf

Text: Barbara Cratzius
Musik: Ludger Edelkötter

Die Bäu - me woll - te ich dir ver - er - ben,
Kind, mein lie - bes Kind. Die Kind. Nun
ra - gen die kah - len Äs - te schwarz in den A - schen - wind.
Die Vö - gel woll - te ich dir ver - er - ben,
Kind, mein lie - bes Kind. Nun sind ver - stummt ih - re
Lie - der, heiß glüht der
A - schen - wind. Die
Er - de woll - te ich dir ver - er - ben, Kind, mein lie - bes
Kind. Ich seh das Le - ben ster - ben,

wir wa‑ren al‑le blind.

Wie

kannst du uns ver‑ge‑ben, daß wir so fei‑ge sind.

Wir las‑sen uns die Hän‑de bin‑den und

soll‑ten den Mut doch fin‑den im Kampf um Frie‑den und Le‑ben

und ge‑gen die Waf‑fen, mein Kind.

In Frie‑den le‑ben. oh‑ne Waf‑fen.

(ständig)

In

Lied des Waffen-händlers

Text: Stefan Melquist
Musik: Ludger Edelkötter

Ich will et - was schaf - fen. Ich hand - le mit Waf - fen. Ver - kau - fe Ka - no - nen und auch Pa - tro - nen. Ver - die - ne mein Geld auf Kos - ten der We - lt.

2. Ich will etwas schaffen.
   Verhandle mit Affen.
   Verkaufe Kanonen
   und auch Patronen.
   Ich bin ein Held
   der Dritten Welt.

3. Jetzt kann ich was schaffen.
   Ich handle mit Waffen.
   Jetzt braucht man Kanonen
   und auch Patronen.
   Ich bin ein Held
   der neuen Welt.

4. Ich hab was geschaffen.
   Alles mit Waffen.
   Musik von Kanonen
   und auch Patronen.
   Ich hab das Geld
   der ganzen Welt.

Lehrsatz mit Ableitungen

Wer wirklich,
    wirklich,
    wirklich
gegen jeden Krieg ist, darf
keine Waffen benutzen,
        besitzen, muß
folglich keine kaufen,
        herstellen, kann
folglich keine verkaufen, wird
letztlich nie mit eigenen Waffen
        geschlagen.

Karlhans Frank

Heiliger Krieg

Text: Josef Reding
Musik: Ludger Edelkötter

Vers: d / g / C
Die - ser Krieg ist hei - lig. Die - ser Krieg ist

F
ei - lig! Ge - ben Mäch - ti - ge be - kannt aus

A⁷ / d / Kehrvers: C
bom - ben - sich - ren Un - ter - stand. Und das Volk hat

F / D / g
nichts zu sa - gen, a - ber hat den Krieg zu tra - gen,

E / a / C
und hat für den Krieg zu zah - len, und wird bald vom

g
Krieg zer - mah - len.

2. Dieser Krieg ist billig,
darum führt ihn willig!
Ruft der große General
im breiten Medienkanal.

Kehrvers:

Und das Volk hat nichts zu sagen,
aber hat den Krieg zu tragen,
und hat für den Krieg zu zahlen,
und wird bald vom Krieg zermahlen.

3. Dieser Krieg wird zeigen,
   daß die Aktien steigen!
   so in Chefetagen
   Rüstungsbosse sagen.

Kehrvers:

Und das Volk hat nichts ...

4. Dieser Krieg, vor allen,
   er wird Gott gefallen,
   sagt der Wehrdekan,
   den Soldaten an

Kehrvers:

Und das Volk hat nichts ...

Der Feind

Ist's eine Grimasse,
die du mir zeigst?
Ich kann dich nicht deutlich sehn.
Hab ich dich erschreckt?
Oder willst du mich schrecken?
Du schweigst.
Wie soll ich dich, Fremder, verstehn?
Wirst du mich anspringen,
Mord im Blick –
oder wartest du ab, was ich tu'?
Ich lächle.
Ich trau mich zu lächeln, mein Freund.
Nun trau mir.
Nun lächle auch du.

Gudrun Pausewang

Psalm

Text: Eckehard Purri
Musik: Ludger Edelkötter

Kehrvers:
Ba - bel - was - ser ist zum wei - nen.
Rü - stungs - tür - me für die ei - nen. Für die
an - dern lee - rer Ma - gen. Kämp - fen, hun - gern und
kämp - fen, hun - gern nichts als kla - gen.
kla - gen.

Vers:
An den Was - sern von Ba - by - lon
sa - ßen wir und wein - ten, wenn wir an Zi - on, den
Berg der Ge - rech - tig - keit dach - ten. Wir
sa - hen nur im - mer die grel - len Lich - ter von
un - se - ren Fein - den und muß - ten von Kum - mer ge - knickt in der

Alle Rechte beim IMPULSE-Musikverlag Ludger Edelkötter,
Natorp 21, 4406 Drensteinfurt

Frem-de ver-schmach-ten. Uns-re Har-fen hin-gen wir an die

Trau-er-wei-den: Es ver-ging uns das La-chen und Sin-gen in

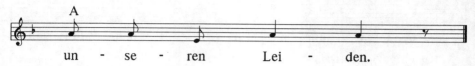

un - se - ren Lei - den.

Kehrvers:

> Babelwasser ist zum Weinen.
> Rüstungstürme für die einen,
> für die andern leerer Magen,
> kämpfen, hungern, nichts als klagen.

2. Die uns gefangenhielten wollten, daß wir für sie singen.
   Wir sollten mit unsern Heimatliedern die Unterdrücker
   erfreuen.
   Doch wie konnten des Herrn Lieder in fremden Landen
   erklingen.
   Statt heulen singen das schien uns wie Perlen bei den Säuen.
   Ewiges Jerusalem, wenn wir dich je vergessen,
   dann soll uns doch der Krebs den Mund zerfressen.

   Kehrvers:

   Babelwasser ist zum Weinen ...

3. Die Zunge soll an meinem Gaumen kleben bleiben,
   wenn ich mich vor Trostlosigkeit verkrampfe, verrenke;
   Babylon kann uns doch nicht für immer aufreiben.
   Wenn ich an Jerusalem meine höchste Freude denke.
   Das verstörte Babylon ist in Bombenstimmung verheddert.
   Wohl dem, mein Gott, der es am Felsen zerschmettert.

Kehrvers:

Babelwasser war zum Weinen.
Frisches Wasser für die einen,
für die andern frisches Brot,
hilft zum Leben aus dem Tod.

Alle Rechte beim IMPULSE-Musikverlag Ludger Edelkötter,
Natorp 21, 4406 Drensteinfurt

Mensch gegen Mensch

von Wolfgang Poeplau

Zu lange unterwegs im Dunkel,
flüchtige Schatten nur im Sonnenlicht,
und nirgends, wohin wir uns wenden,
friedliche Stätte, Land in Sicht.
Entwurzelte, dem Tod verfallen,
der Mensch, des Menschen Feind und Bruder nicht.

Sag, wohin wird der Wind uns führen,
und wo, in welcher Richtung liegt der Tag?
Wir gehn im Kreis, du kannst es spüren,
von Zweifel und von Durst geplagt.
Verschollene, von jedem Ort vertrieben,
der alles, was wir sind und hatten, barg.

Zeichen waren an Mond und Sternen,
und wir beteten, nicht im Winter fliehen zu müssen.
Aber: Es geschah, während wir schliefen.
Und aufstand der Sohn gegen den Vater,
der Bruder gegen den Bruder.
Mensch gegen Mensch.

(Godot):
Wer hat blind gemacht unsere Augen
und hart die Herzen,
daß wir nicht zur Einsicht kamen
und endeten den Kampf?

(alle):
Mensch gegen Mensch.

Alle Rechte beim IMPULSE-Musikverlag Ludger Edelkötter,
Natorp 21, 4406 Drensteinfurt

(Godot):
Mörderhände sind unsere Hände,
sie unterlassen die Taten zum Guten.
Mörderaugen sind unsere Augen,
sie übersehen die Not der Vielen.
Mörderohren sind unsere Ohren,
sie überhören die Schreie der Opfer.
Mördermund ist unser Mund.

(alle):
Mensch gegen Mensch.

(Godot):
Blutige Spur hinterläßt der Mensch,
wohin er seinen Fuß setzt.
Wie lange noch?

Das Lied von Lublin

Text: Wolfgang Poeplau
Musik: Ludger Edelkötter

Es steht ein O-fen in Lub-lin, ein
feu-rig tie-fer Schlund, da füh-ren sie die
Men-schen hin, zum Ster-ben Stund für Stund. Wir
wa-ren arg-los, oh-ne Schuld, sie ka-men in der
Nacht. Es wa-ren Men-schen wie du und ich, die
uns ge-bracht nach Lub-lin. Va-ter, Mut-ter, wo
ge-hen wir hin? Va-ter, Mut-ter, wo ge-hen wir hin?

2. Sie sind schon müde nachzuzähln,
   die Henker von Lublin,
   ein kleines Kind, ein alter Mann
   sie müssen stumm dahin.
          Sie streuen ihre Asche aus
          im Felde vor der Stadt.
          Im Sommer wächst das Korn daraus,
          und sie backen Brot für Lublin.
   Vater, Mutter, wo gehen wir hin?

3. Mach dich bereit zum letzten Gang
   zum Ofen von Lublin,
   die Henker kommen, eh du denkst,
   kein Bitten hilft, kein Knien.
          Denk nicht, die Zeit trägt alles fort,
          und ausgetilgt die Saat.
          Noch nicht erloschen ist die Glut,
          die solches tat in Lublin.
   Vater, Mutter, wo gehen wir hin?

Alle Rechte beim IMPULSE-Musikverlag Ludger Edelkötter,
Natorp 21, 4406 Drensteinfurt

Für dich

für Jan de Zanger

Text: Jutta Richter
Musik: Ludger Edelkötter

Vier Ta - ge vor dem er - sten Krieg, hab'
ich den Zweig ge - bro - chen, vom Ap - fel-baum vor
un - serm Haus. Es hat nach Schnee ge - ro - chen.
Es hat nach Schnee ge - ro - chen.

2. Jetzt ist der Krieg acht Tage alt,
   die Zweige ausgeschlagen.
   Und wenn die Welt auch untergeht,
   sie werden Blüten tragen.

3. Und wenn du dann die Blüten siehst,
   sollst du vom Frieden träumen,
   und du sollst uns dann sitzen sehn
   unter den Apfelbäumen.

   Es hat nach Schnee gerochen.
   Es hat nach Schnee gerochen.
   Es hat nach Schnee gerochen.

Zweitausend Jahre Tag und Nacht

Text: Josef Reding
Musik: Ludger Edelkötter

Zwei - tau - send Jah - re Tag und Nacht
ha - ben uns Chris - tus nicht nä - her ge - bracht,
ha - ben uns wei - ter von ihm ent - fernt, wir
ha - ben von an - de - ren Leh - rern ge - lernt und
ha - ben Feind - schaft und Krie - ge ge - macht
zwei - tau - send Jah - re Tag und Nacht.

2. Zweitausend Jahre, Wort um Wort,
gingen wir weiter von Christus fort.
Er sagte Frieden, wir taten Rache,
die Sache Christi? – nicht unsere Sache!
Und Bethlehem wurde nicht unser Ort.
Zweitausend Jahre, Wort um Wort.

3. Zweitausend Jahre, Tat um Tat,
   rückten wir weiter von Christus ab,
   wollten von unserem Vorteil nicht lassen,
   lernten uns lieben und andere hassen,
   übten an Christus Verrat.
   Zweitausend Jahre, Tat um Tat.

4. Zweitausend Jahre, du hast es gesehn,
   wollten wir nicht den Weg zu Dir gehn;
   Auschwitz, Dresden und Oradour,
   im Orient unsre blutige Spur:
   Herr, laß uns hier nicht stehn!
   Herr, laß uns hier nicht stehn!

Behalt den Frieden nicht für dich,
behalt den Frieden nicht für dich,
trag ihn hinaus, trag ihn hinaus,
und schenk den Frieden weiter!

Sr. Josephine Hirsch

Alle Rechte beim IMPULSE-Musikverlag Ludger Edelkötter,
Natorp 21, 4406 Drensteinfurt

Lied gegen die Aufrüstung

Text: Dorothe Sölle
Musik: Ludger Edelkötter

2. Du bist nicht Herr der Ratten,
   du willst, daß Menschen sind,
   erbarme dich der Satten
   laß uns nicht taub und blind,
   zeig uns, daß Frieden möglich ist
   und hilf uns, Nein zu sagen,
   kämpfen im Widerstand.

Alle Rechte beim IMPULSE-Musikverlag Ludger Edelkötter,
Natorp 21, 4406 Drensteinfurt

Hilf uns Herr, die Ketten sprengen

Text: Gerhard Beisheim
Musik: Ludger Edelkötter

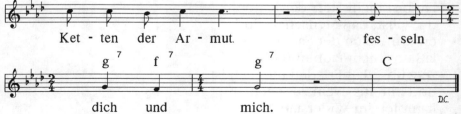

Hilf uns Herr, die Ket-ten spren-gen.

Hilf uns Herr, den Näch-sten sehn.

denn so-lan-ge er in Ket-ten, kön-nen

wir nicht auf-recht stehn.

Reich-tum macht frei sa-gen die, die

Frei-heit kau-fen als ein Son-der-an-ge-bot und die

Ket-ten der Ar-mut. fes-seln

dich und mich.

2. Wissen macht frei, sagen die,
   die Freiheit zwingen
   in ein Schema ihrer Wahl,
   und die Ketten der Unwissenheit
   fesseln dich und mich.

Refrain:
   Hilf uns Herr, die Ketten sprengen.
   Hilf uns Herr, den Nächsten sehn,
   denn solange er in Ketten,
   können wir nicht aufrecht stehn.

3. Gewalt macht frei, sagen die,
   die Freiheit würgen,
   bis sie nicht mehr atmen kann,
   und die Ketten der Schwachheit
   fesseln dich und mich.

Kehrvers:

   Hilf uns Herr, die Ketten sprengen...

Alle Rechte beim IMPULSE-Musikverlag Ludger Edelkötter,
Natorp 21, 4406 Drensteinfurt

Heut fangen wir an

Was leicht gedacht

Text: Wilhelm Willms
Musik: Ludger Edelkötter

Kehrvers: Was leicht ge - dacht und schön ge - sagt, das ist noch nicht voll - bracht, ge-sagt ge - tan, ge-sagt ge - tan, heut fan-gen wir an, wir fan-gen an. Was leicht ge - an. Sagt es al - len Freun - den: Baut das neu - e Haus, sagt es al - len Fein - den: Der Krieg ist aus, er ist aus.

2. Sagt es euren Dichtern: wir brauchen Dynamit
   Sagt es euren Richtern: wir richten nicht mehr mit

3. Sagt es euren Lehrern: Wahrheit ist konkret
   Sagt es euren Priestern: daß ihr sie nicht versteht

4. Sagt es euren Henkern: wir fürchten nicht den Tod
   Sagt es euren Göttern: wo Liebe, da ist Gott

Wir der Gegenwind

Kanon

Text: Wilhelm Willms
Musik: Ludger Edelkötter

1. Wir blei - ben mit - ten drin das was wir sind

2. und sind im Strom der Zeit der Ge - gen - wind.

3. Wir der Ge - gen - wind! Ge - gen den Wind sind

4. wir im Strom der Zeit, wir sind was wir sind.

Alle Rechte beim IMPULSE-Musikverlag Ludger Edelkötter,
Natorp 21, 4406 Drensteinfurt

Teil 4

Sing
das
Lied
vom
großen
Frieden

Wenn einer alleine träumt

Text: Dom Helder Camara
Musik: Ludger Edelkötter

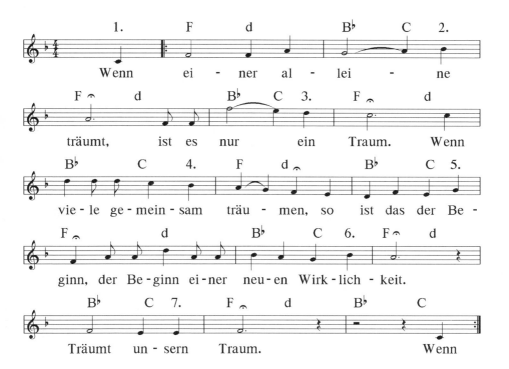

Wenn ei - ner al - lei - ne ne
träumt, ist es nur ein Traum. Wenn
vie - le ge - mein - sam träu - men, so ist das der Be -
ginn, der Be - ginn ei - ner neu - en Wirk - lich - keit.
Träumt un - sern Traum. Wenn

Spiel den Frieden, nicht den Krieg

Text: Johannes Thiele
Musik: Ludger Edelkötter

Sing das Lied vom gro-ßen Frie-den, jetzt in die-ser Zeit. Steck das Licht der Hoff-nung an, in der Dun-kel-heit. Spiel den Frie-den, nicht den Krieg, ihr sollt Freun-de sein. Und hol die, die ab-seits ste-hen, in den Kreis hin-ein.

Refrain: Spiel den Frie-den, nicht den Krieg, komm und reich mir dei-ne Hand. Spiel den Frie-den, nicht den Krieg, komm wir fan-gen an.

Alle Rechte beim IMPULSE-Musikverlag Ludger Edelkötter,
Natorp 21, 4406 Drensteinfurt

2. Laßt uns neue Pläne schmieden
   für die große Friedenszeit.
   Öffnet für den großen Wunsch
   eure Herzen weit.
   Spiel den Frieden, nicht den Krieg,
   ihr sollt Freunde sein,
   und holt die, die abseits stehen,
   in den Kreis hinein!

Kehrvers:

   Spiel den Frieden, nicht den Krieg,
   komm und reich mir deine Hand.
   Spiel den Frieden, nicht den Krieg,
   komm wir fangen an.

3. Nehmt euch an die Hände fest,
   ihr seid nicht allein.
   Wenn die Angst erst ist vorbei,
   dann wird Friede sein.
   Spiel den Frieden, nicht den Krieg,
   ihr sollt Freunde sein,
   und holt die, die abseits stehen,
   in den Kreis hinein!

Kehrvers:

   Spiel den Frieden ...

Schlechtes Spiel

Kriegsspiel ist ein schlechtes Spiel!
Kriegsspiel ist ein schlechtes Spiel!
Spielt ihn nicht, den Krieg!

Sr. Josephine Hirsch

Mach aus Fremden Freunde

Text: Josef Reding
Musik: Ludger Edelkötter

Mach aus dem Frem-den den Freund.
mach aus den Fern-sten Ver-
trau-te. Wer heu-te noch
un-be-kannt er-scheint, ist
mor-gen schon, mor-gen mit uns ver-eint,
wenn er auf Frie-den
bau-te, wenn er auf
Frie-den bau-te. La, la,

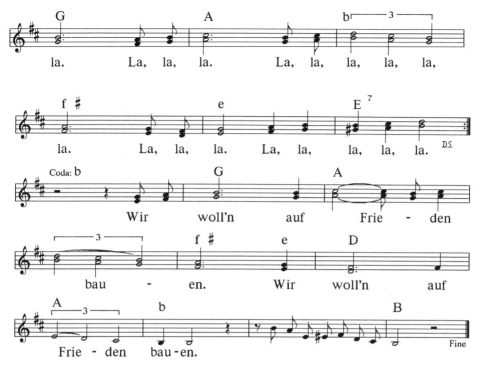

la. La, la, la. La, la, la, la, la,

la. La, la, la. La, la, la, la, la.

Wir woll'n auf Frie - den

bau - en. Wir woll'n auf

Frie - den bau - en.

2. Mach aus Verlornen den Fund,
bilde die Stütze für viele.
Sei du der Schweigenden Mund,
und komm in den offenen Bund
und mach aus Ahnungen Ziele
und mach aus Ahnungen Ziele.

3. Mach den Gefangenen frei,
laß ihn zum Himmel aufschaun.
Steh den Verstoßenen bei,
wie groß unsre Bürde auch sei,
wir wollen auf Frieden bauen,
wir wollen auf Frieden bauen,
wir wollen auf Frieden bauen,
wir wollen auf Frieden bauen.

Alle Rechte beim IMPULSE-Musikverlag Ludger Edelkötter,
Natorp 21, 4406 Drensteinfurt

159

Gottes Wort ist wie Licht in der Nacht

Kanon

aus Israel

Got - tes Wort ist wie Licht in der
Nacht; es hat Hoff - nung und Zu - kunft ge -
bracht, es gibt Trost, es gibt Halt in Be -
dräng - nis, Not und Äng - sten,
ist wie ein Stern in der Dun - kel - heit.

Wo zwei die Waffen erheben zum Streit,
wird der, welcher trauert, siegen.

(aus China)

Zwischen Angst und Hoffnung

Text: Alois Albrecht
Musik: Ludger Edelkötter

Zwi - schen Angst und Hoff - nung le - ben
wir und möch - ten doch gern glück - lich sein und
Sinn er - fah - ren. Es lebt sich nicht leicht vor dem
Ab - grund, aus dem Ver - zweif - lung droht.
Wer gibt uns Zu - kunft, Zu - kunft und
Hoff - nung? Zwi - schen Angst und Hoff - nung
le - ben wir und möch - ten doch gern
glück - lich sein und Sinn er - fah - ren.

3. Zwi - schen Angst und Hoff - nung schwan - ken wir und möch - ten doch gern vor - wärts gehn und Zie - le wis - sen. Es läuft sich nicht leicht ge - gen den Rausch, daß al - les mach - bar sei. Wer zeigt uns Zu - kunft Zu - kunft und We - ge?

D.C. dal segno

D.C. dal segno

Fine

2. Zwischen Angst und Hoffnung
   treiben wir
   und möchten doch gern
   ganz wir selbst und
   frei entscheiden.
   Es wehrt sich nicht leicht
   gegen den Strom,
   der in Entfremdung reißt.
   Wer schenkt uns Zukunft,
   Zukunft und Freiheit?
   Zwischen Angst und Hoffnung
   treiben wir
   und möchten doch gern
   ganz wir selbst und
   frei entscheiden.

3. Zwischen Angst und Hoffnung
   schwanken wir
   und möchten doch gern
   vorwärts gehn und
   Ziele wissen.
   Es läuft sich nicht leicht
   gegen den Rausch,
   daß alles machbar sei.
   Wer zeigt uns Zukunft,
   Zukunft und Wege?

4. Zwischen Angst und Hoffnung
   träumen wir
   und möchten doch gern
   neu die Welt und
   neu den Menschen.
   Es glaubt sich nicht leicht
   gegen Schatten
   von Kriegen und Gewalt.
   Wer weist uns Zukunft,
   Zukunft und Frieden?
   Zwischen Angst und Hoffnung
   träumen wir
   und möchten doch gern
   neu die Welt und
   neu den Menschen.

5. Zwischen Angst und Hoffnung
   handeln wir
   und möchten doch gern
   andern helfen,
   Menschen zu werden.
   Es hilft sich nicht leicht
   gegen den Berg
   von Hunger, Armut, Not.
   Wer weckt uns Zukunft,
   Zukunft und Liebe?

6. Zwischen Angst und Hoffnung
zittern wir
und möchten doch gern
voller Mut das
Neue wagen.
Es hofft sich nicht leicht
in den Nächten,
wenn die Fragen kommen.
Wer gibt uns Zukunft,
Zukunft und Hoffnung?
Zwischen Angst und Hoffnung
zittern wir
und möchten doch gern
voller Mut das
Neue wagen.

Alle Rechte beim IMPULSE-Musikverlag Ludger Edelkötter,
Natorp 21, 4406 Drensteinfurt

In Ängsten leben wir

Text: Wilhelm Willms
Musik: Ludger Edelkötter

En - ge Angst ge - trie - ben, Angst uns ins Ge -
sicht ge - schrie - ben. Angst vor Le - ben, Angst vor Tod,
Angst ist un - ser täg - lich Brot.

2. Enge Angst und bang
   manche Engel bleiben lang
   Angst ist unser täglich Brot

3. Enge Angst und oft
   Engel kommen unverhofft
   Angst ist unser täglich Brot

4. Angelpunkt der Welt
   Liebe die am Leben hält
   Angst ist unser täglich Brot

Wo ist Gottes neue Welt

Text: Rolf Krenzer
Musik: Ludger Edelkötter

Wo ist Gottes neue Welt? Wo ist Gottes Welt? Wo die Mäch-ti-gen sich schüt-zen und sich sel-ber nur noch nüt-zen wo die Rei-chen nichts ver-mis-sen und nichts von den Ar-men wis-sen. Wo statt Lie-be herrscht das Geld, ist nicht Got-tes Welt, ist nicht Got-tes neu-e Welt. Ist Welt.

Alle Rechte beim IMPULSE-Musikverlag Ludger Edelkötter,
Natorp 21, 4406 Drensteinfurt

2. Wo ist Gottes neue Welt?
   Wo ist Gottes Welt?
   Wo die Menschen immer Waffen
   gegen andere Menschen schaffen,
   wo sie ihre Welt zerstören
   und nicht auf den andern hören,
   wo der Stärkste auch der Held,
   ist nicht Gottes Welt,
   ist nicht Gottes neue Welt.

3. Wo ist Gottes neue Welt?
   Wo ist Gottes Welt?
   Wo die Menschen fortgetrieben
   aus der Heimat, die sie lieben,
   wo die Starken sich nicht scheuten,
   Land und Leben auszubeuten,
   daß die Schöpfung selbst entstellt,
   ist nicht Gottes Welt,
   ist nicht Gottes neue Welt.

4. Wo ist Gottes neue Welt?
   Wo ist Gottes Welt?
   Wo die Mächtigen sich schämen,
   wo die Reichen nichts mehr nehmen,
   wo die Starken Schwache stützen,
   wo die Großen Kleine schützen,
   wo die Liebe zählt statt Geld,
   da ist Gottes Welt,
   da ist Gottes neue Welt.

5. Wo ist Gottes neue Welt?
   Wo ist Gottes Welt?
   Wo der Mensch zählt, nicht die Masse,
   nicht die Rasse, nicht die Klasse,
   wo der Letzte angenommen,
   wo der Rechtlose willkommen,
   und wo er sein Recht erhält,
   da ist Gottes Welt,
   da ist Gottes neue Welt.

Alle Rechte beim IMPULSE-Musikverlag Ludger Edelkötter,
Natorp 21, 4406 Drensteinfurt

Herr stärke unsern Glauben

Text: Josef Reding
Musik: Ludger Edelkötter

Herr stär ke un sern Glau ben dann, wenn Zwei fel uns be
ren nen, wenn man cher Dich nicht ru fen kann, wenn
man cher Dich nicht fin den kann. Herr, gib Dich zu er
ken nen. Herr gib Dich zu er ken nen.

2. Herr stärke unsern Glauben jetzt,
   wenn uns Gewalten hindern,
   wer für Dich wird verfolgt, gehetzt,
   an Leib und Seele wird verletzt,
   gehört zu Deinen Kindern,
   gehört zu Deinen Kindern.

3. Herr stärke unsern Glauben nun,
   wenn wir als Kirche zagen,
   wenn wir nur in uns selber ruhn,
   wenn wir nicht Deine Weisung tun,
   wenn wir zu wenig wagen,
   wenn wir zu wenig wagen.

Geh Du mit uns nach Emmaus

Text: Alois Albrecht
Musik: Ludger Edelkötter

2. Geh Du mit uns nach Emmaus, Jesus,
Du weißt, was Frieden ist.
Sprich Du zu uns und öffne unsre Fäuste,
brenne Deine Kraft in unsre Herzen.
Unterwegs, unterwegs zu einem Frieden,
der schwerer wiegt als Gold und Silber.
Unterwegs, unterwegs zu einem Frieden,
unterwegs, unterwegs zu Deinem Frieden.

3. Geh Du mit uns nach Emmaus, Jesus,
Du weißt, was Freiheit ist.
Sprich Du zu uns und löse unsre Fesseln,
brenne Deinen Mut in unsre Herzen.
Unterwegs, unterwegs zu einer Freiheit,
die weiter reicht als Erd und Himmel.
Unterwegs, unterwegs zu einer Freiheit,
unterwegs, unterwegs zu Deiner Freiheit.

4. Geh Du mit uns nach Emmaus, Jesus,
Du weißt, was Schöpfung ist.
Sprich Du zu uns und schärfe unsre Sinne,
brenne Deinen Ernst in unsre Herzen.
Unterwegs, unterwegs zu einer Schöpfung,
die schöner glänzt als Mond und Sonne.
Unterwegs, unterwegs zu einer Schöpfung,
unterwegs, unterwegs zu Deiner Schöpfung.

5. Geh Du mit uns nach Emmaus, Jesus,
Du weißt, was Freude ist.
Sprich Du zu uns und schüre unser Feuer,
brenne Deine Glut in unsre Herzen.
Unterwegs, unterwegs zu einer Freude,
die leichter macht als Licht und Strahlen.
Unterwegs, unterwegs zu einer Freude,
unterwegs, unterwegs zu Deiner Freude.

Alle Rechte beim IMPULSE-Musikverlag Ludger Edelkötter,
Natorp 21, 4406 Drensteinfurt

6. Geh Du mit uns nach Emmaus, Jesus,
   Du weißt, was Leiden ist.
   Sprich Du zu uns und lösche unsre Ängste,
   brenne Deinen Schrei in unsre Herzen.
   Unterwegs, unterwegs zu einem Leiden,
   das höher zählt als Sieg und Ehre.
   Unterwegs, unterwegs zu einem Leiden,
   unterwegs, unterwegs zu Deinem Leiden.

7. Geh Du mit uns nach Emmaus, Jesus,
   Du weißt, was Liebe ist.
   Sprich Du zu uns und fülle unsre Hände,
   brenne Deinen Geist in unsre Herzen.
   Unterwegs, unterwegs zu einer Liebe,
   die stärker ist als Tod und Teufel.
   Unterwegs, unterwegs zu einer Liebe,
   unterwegs, unterwegs zu Deiner Liebe.

Alle Rechte beim IMPULSE-Musikverlag Ludger Edelkötter,
Natorp 21, 4406 Drensteinfurt

Denn nur wo Liebe ist

Text: Jutta Richter
Musik: Ludger Edelkötter

Wer oh-ne Glau-ben lebt, lebt den Tod. Denn nur wo Glau-be ist, wo Glau-be ist, wohnt auch Gott. Denn nur wo Glau-be ist, wo Glau-be ist, wohnt auch Gott.

2. Wer ohne Hoffnung lebt,
   lebt den Tod.
   Denn nur wo Hoffnung wächst,
   wo Hoffnung wächst,
   wächst auch Brot.
   Denn nur wo Hoffnung wächst,
   wo Hoffnung wächst,
   wächst auch Brot.

3. Wer ohne Liebe lebt,
   lebt den Tod.
   Denn nur wo Liebe ist,
   wo Liebe ist,
   teilt man Brot.
   Denn nur wo Liebe ist,
   wo Liebe ist,
   teilt man Brot.

4. Wer ohne Glauben lebt,
   lebt den Tod.
   Denn nur wo Glaube ist,
   wo Glaube ist,
   wohnt auch Gott.
   Denn nur wo Glaube ist,
   wo Glaube ist,
   wohnt auch Gott.

So soll es sein

So soll es sein: Bin ich mutlos,
richtet ihr mich auf.
So soll es sein: Wenn ich falle,
zieht ihr mich wieder hinauf.
Alle für einen, einer für alle.

So soll es sein: Seid ihr müde,
springe ich für euch ein.
So soll es sein: Habt ihr Sorgen,
solln sie auch meine sein.
Ich trage euch – und ihr tragt mich:
Netz des Vertrauens.
Geborgen seid ihr,
bin ich.

Gudrun Pausewang

Sieben Funken schlägt der Geist

Text: Alois Albrecht
Musik: Ludger Edelkötter

Sie - ben Fun - ken schlägt der Geist, sie - ben

Feu - er sol - len bren - nen auf der Er - de, daß sie

wer - de ein Ge - stirn, das al - le

Men-schen wärmt und nährt und eint und trägt, Gott, dem Herrn, zur

Eh-re. Frie - de, Frie - de,

Fun - ke aus der Mit - te Got - tes

stif - te Frie - den in den Köp - fen, stif - te Frie - den in den

Hän - den, stif - te Frie - den al - len Men - schen, stif - te

Alle Rechte beim IMPULSE-Musikverlag Ludger Edelkötter,
Natorp 21, 4406 Drensteinfurt

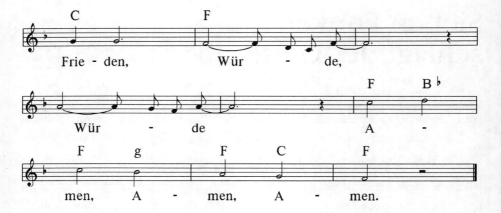

Frie - den, Wür - de,

Wür - de A -

men, A - men, A - men.

2. Liebe, Liebe,
   Funke aus dem Herzen Gottes,
   wirke Liebe zu den Nächsten,
   wirke Liebe zu den Fernsten,
   wirke Liebe allen Nöten.

Kehrvers: Wirke Liebe, allen Nöten.

3. Einheit, Einheit,
   Funke aus dem Willen Gottes,
   schaffe Einheit unter Kirchen,
   schaffe Einheit unter Rassen,
   schaffe Einheit allen Völkern.

Kehrvers: Schaffe Einheit allen Völkern.

4. Freude, Freude,
   Funke aus der Tiefe Gottes,
   zünde Freude in Gesichtern,
   zünde Freude in Gesprächen,
   zünde Freude allen Kreisen.

Kehrvers: Zünde Freude allen Kreisen

5. Wahrheit, Wahrheit,
   Funke aus dem Worte Gottes,
   zeige Wahrheit unserm Suchen,
   zeige Wahrheit unserm Forschen,
   zeige Wahrheit allen Plänen.

Kehrvers: Zeige Wahrheit allen Plänen

6. Freiheit, Freiheit,
   Funke aus der Größe Gottes,
   künde Freiheit in Verzweiflung,
   künde Freiheit in Bedrängnis,
   künde Freiheit allen Ängsten.

Kehrvers: Künde Freiheit allen Ängsten.

7. Würde, Würde,
   Funke aus der Stille Gottes,
   schenke Würde jedem Armen,
   schenke Würde jedem Wesen,
   schenke Würde aller Schöpfung.

Kehrvers: Schenke Würde aller Schöpfung.

Alle Rechte beim IMPULSE-Musikverlag Ludger Edelkötter,
Natorp 21, 4406 Drensteinfurt

Wo ist denn Gott

Text: Wilhelm Willms
Musik: Ludger Edelkötter

Wo ist denn Gott, wo ist denn Gott, siehst du ihn nicht, siehst du ihn nicht, auf dei-nes Nach-barn An-ge-sicht, siehst du ihn nicht, siehst du ihn nicht, auf dei-nes Nach-barn An-ge-sicht.

2. Was kann denn Gott, was kann denn Gott,
    er gibt das Land, er gibt das Land,
    in deine und in meine Hand,
    er gibt das Land, er gibt das Land,
    in deine und in meine Hand.

3. Und wer verzeiht, und wer verzeiht,
    und wer bricht Brot, und wer bricht Brot,
    es ist in uns der nahe Gott,
    und wer bricht Brot, und wer bricht Brot,
    es ist in uns der nahe Gott.

4. Und wer bist du, und wer bist du,
    du bist es nicht, du bist es nicht,
    hast du nicht Gott im Angesicht,
    du bist es nicht, du bist es nicht,
    hast du nicht Gott im Angesicht.

178

Wir glauben an Gott

Text: Ludger Edelkötter nach H. Fries
Musik: Ludger Edelkötter

Kehrvers: Wir glau-ben an Gott. wir glau-ben, daß Gott sich mit uns ein-läßt, mit dir, mit mir, mit je-der-mann. Wir glau-ben an Gott. Wir Gott. Wir glau-ben an Gott. 1.Wir

Vers: glau-ben, daß Gott ge-liebt wird, wenn Men-schen ge-liebt wer-den, daß Gott ge-schla-gen wird, wenn Men-schen ge-schla-gen wer-den. Wir glau-ben an Gott, der sich ein-läßt mit uns Men-schen.

Alle Rechte beim IMPULSE-Musikverlag Ludger Edelkötter,
Natorp 21, 4406 Drensteinfurt

179

Mensch wird und Bru-der al-ler.

2. Wir glauben, daß man Gott
nicht an Menschen vorbei lieben kann,
daß man Gott nicht gegen die Menschen
lieben kann.
Wir lieben Gott, der sich einläßt
mit uns Menschen.
Mensch wird und Bruder aller.

Refrain:

Wir glauben an Gott. Wir glauben,
daß Gott sich mit uns einläßt
mit dir, mit mir, mit jedermann.
Wir glauben an Gott.
Wir glauben an Gott.

3. Seit Jesus auf unserer Erde war,
heißt vom Menschen reden
von Gott reden.
Heißt Gott dienen
den Menschen dienen.
Wir dienen Gott.
Wir dienen Gott, der sich einläßt
mit uns Menschen.
Mensch wird und Bruder aller.

Refrain:

Wir glauben an Gott. Wir glauben ...

180

Alle Rechte beim IMPULSE-Musikverlag Ludger Edelkötter,
Natorp 21, 4406 Drensteinfurt

Ihr Freunde laßt euch sagen

Text: Rolf Krenzer
Musik: Ludger Edelkötter

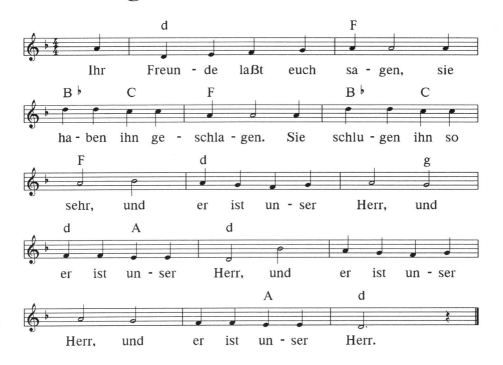

Ihr Freun - de laßt euch sa - gen, sie
ha - ben ihn ge - schla - gen. Sie schlu - gen ihn so
sehr, und er ist un - ser Herr, und
er ist un - ser Herr, und er ist un - ser
Herr, und er ist un - ser Herr.

2. Ihr Freunde, laßt euch sagen:
   Er hat das Kreuz getragen.
   Uns ist das Herz so schwer,
   und er ist unser Herr,
   und er ist unser Herr.

3. Ihr Freunde, laßt euch sagen:
   Er ist ans Kreuz geschlagen.
   Das Kreuz war hart und schwer,
   und er ist unser Herr,
   und er ist unser Herr.

4. Ihr Freunde, laßt euch sagen:
   Er hat den Tod geschlagen.
   Den Tod besiegte er.
   So stark ist unser Herr,
   so stark ist unser Herr.

Alle Rechte beim IMPULSE-Musikverlag Ludger Edelkötter,
Natorp 21, 4406 Drensteinfurt

Gegen Angst, gegen Leid

Text: Rolf Krenzer
Musik: Ludger Edelkötter

Je-dem gibst du dei-ne Hän-de, daß er Leid und Bö-ses wen-de. Uns-re Hän-de stark und groß, lie-gen sie nicht nur im Schoß? Hilf daß sie nicht län-ger ruh'n! Laß uns end-lich et-was tun, ge-gen

1. Angst, ge-gen Leid, dann ist end-lich gu-te Zeit, ge-gen

2. end-lich gu-te Zeit.

2. Wenn die Bomben explodieren,
Todesschüsse detonieren,
ist die Welt so leer und kalt.
Krieg macht nicht vor Kindern halt.
Nach der Mutter weint ein Kind,
dort, wo jetzt die Panzer sind.
So viel Angst. So viel Leid.
Und es herrscht die böse Zeit.

3. Von der satten Welt vergessen,
   hat die Mutter nichts zu essen
   für ihr Kind, das Hunger hat.
   Beide werden niemals satt.
   Gibt es morgen Reis und Brot,
   oder wartet schon der Tod?
   So viel Angst. So viel Leid.
   Und es herrscht die böse Zeit.

4. Weil die Menschen Menschen hassen,
   müssen sie ihr Land verlassen,
   flüchten vor dem Tod aufs Meer,
   geben alles dafür her.
   Heimatlos und hoffnungslos
   treibt im Meer ein kleines Floß.
   So viel Angst. So viel Leid.
   Und es herrscht die böse Zeit.

Leb doch den Frieden

Leb doch den Frieden, und nicht den Krieg!
Friede bringt immer den schönsten Sieg!
Die Freundschaft liebt und das Leben!

Sr. Josephine Hirsch

Alle Rechte beim IMPULSE-Musikverlag Ludger Edelkötter,
Natorp 21, 4406 Drensteinfurt

Halte zu mir, guter Gott

Text: Rolf Krenzer
Musik: Ludger Edelkötter

Hal-te zu mir gu-ter Gott, heut den gan-zen Tag. Halt die
Hän-de ü-ber mich, was auch kom-men mag. Hal-te
zu mir gu-ter Gott, heut den gan-zen Tag. Halt die
Hän-de ü-ber mich, was auch kom-men mag.

2. Du bist jederzeit bei mir.
   Wo ich geh und steh
   spür ich, wenn ich leise bin,
   Dich in meiner Näh.
   Halte zur mir, guter Gott,
   heut den ganzen Tag.
   Halt die Hände über mich,
   was auch kommen mag.

3. Gibt es Ärger oder Streit
   und noch mehr Verdruß,
   weiß ich doch, Du bist nicht weit,
   wenn ich weinen muß.
   Halte zur mir, guter Gott,
   heut den ganzen Tag.
   Halt die Hände über mich,
   was auch kommen mag.

4. Meine Freude, meinen Dank,
alles sag ich Dir.
Du hältst zu mir, guter Gott,
spür ich tief in mir.
Halte zu mir, guter Gott,
heut den ganzen Tag.
Halt die Hände über mich,
was auch kommen mag.

Nie komme der Tag

Nie komme der Tag
an dem
sich die Luft uns verfeindet

Die Erde überall brennt

Wer noch lebt wartet
wahnsinnig
vor Schmerz daß es ende

Nie komme der Tag

Sylvia Keyserling

Alle Rechte beim IMPULSE-Musikverlag Ludger Edelkötter,
Natorp 21, 4406 Drensteinfurt

Ich habe tausend Wünsche

Text: Norbert Weidinger
Musik: Ludger Edelkötter

Ich ha - be tau - send Wün - sche,
tau - send und noch mehr. Und sind die Wün - sche
dann er - füllt, so bleibt mein Herz doch leer. Und
sind die Wün - sche dann er - füllt, so bleibt mein Herz doch
leer. Ich möch - te gern ein schnel - les Au - to für
mich nur ganz al - lein. Und hab ich es, dann
frag ich mich: Muß es so groß denn sein. All -
mäh - lich nagt da - ran der Rost. Was

bleibt   am   En - de   mir   als   Trost?

Kehrvers:

Ich habe tausend Wünsche
tausend und noch mehr.
Und sind die Wünsche dann erfüllt,
so bleibt mein Herz doch leer.
Und sind die Wünsche dann erfüllt,
so bleibt mein Herz doch leer.

2. Ich möchte gern ein Haus mit Garten
    für uns nur ganz allein.
    Und hab' ich es, dann frag ich mich:
    Muß es so groß denn sein?
    Allmählich bröckelt ab der Putz.
    Was bleibt am Ende mir als Schutz?

Kehrvers:
Ich habe tausend Wünsche ...

3. Ich möchte eine neue Erde
    für Menschen groß und klein.
    Dort sollt Platz für Elefant,
    Löwe und Tiger sein.
    Kein Krieg macht diese Welt kaputt.
    Kein Mensch legt sie in Schrott und Schutt.

Kehrvers:

Ich habe tausend Wünsche
tausend und noch mehr.
Doch wenn Gott diesen Wunsch erfüllt,
dann bleibt mein Herz nicht leer.
Doch wenn Gott diesen Wunsch erfüllt,
dann bleibt mein Herz nicht leer.

Alle Rechte beim IMPULSE-Musikverlag Ludger Edelkötter,
Natorp 21, 4406 Drensteinfurt

Der Traum von einem Paradies

Text: Norbert Weidinger/Rolf Krenzer
Musik: Ludger Edelkötter

Der Traum von ei - nem Pa - ra - dies, der
läßt uns nicht mehr los. Die Sehn - sucht nach dem
Pa - ra - dies ist in uns al - len groß ist
in uns al - len groß. Fine Wo Mensch und Tier den
sich nicht mehr auf
Frie - den he - gen, Je - der kann dem an - dern trau - en,
Lau - er le - gen.
of - fen in die Au - gen schau - en.

189

Kehrvers:

Der Traum von einem Paradies,
der läßt uns nicht mehr los.
Die Sehnsucht nach dem Paradies
ist in uns allen groß,
ist in uns allen groß.

2. Wo Bäume tausend Früchte bringen
und wir bei der Arbeit singen.
Wo wir miteinander lachen
und die schönsten Sachen machen.

Kehrvers:

Der Traum von einem Paradies …

3. Wo Feinde sich die Hände reichen,
Angst und Schrecken endlich weichen.
Gott erfüllt uns jede Bitte,
er wohnt selbst in unsrer Mitte.

Kehrvers:

Der Traum von einem Paradies …

Alle Rechte beim IMPULSE-Musikverlag Ludger Edelkötter,
Natorp 21, 4406 Drensteinfurt

Turmbaulied

Text: Rolf Krenzer
Musik: Ludger Edelkötter

Alle Rechte beim IMPULSE-Musikverlag Ludger Edelkötter,
Natorp 21, 4406 Drensteinfurt

F   Refrain

Turm   noch   sein.

2. Kommt her und schaut euch an,
was jeder von uns kann.
Ach, sind wir klug und schlau,
drum glückt auch dieser Bau.

Kehrvers:

Immer höher, immer höher
wird der Turm gebaut.
Immer höher, immer höher!
Leute kommt und schaut!
Immer höher, immer höher
baun wir Stein auf Stein.
Immer höher, immer höher
soll der Turm noch sein.

3. Stärke und Macht und Geld
regieren nur die Welt.
Schwache unterliegen
weil nur die Stärksten siegen.

Kehrvers:

Immer höher, immer höher ...

4. Wir sind die Herren der Welt
und tun, was uns gefällt.
Wir werden mächtig sein
wie dieser Turm aus Stein.

Kehrvers:

Immer höher, immer höher ...

Erde, kleines Schaukel-schiff

Text: Wilhelm Willms
Musik: Ludger Edelkötter

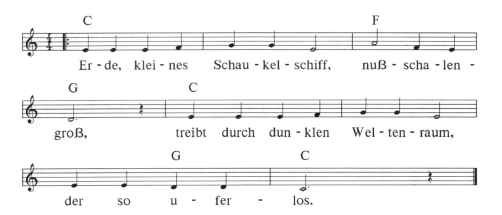

Er - de, klei - nes Schau - kel - schiff, nuß - scha - len - groß, treibt durch dun - klen Wel - ten - raum, der so u - fer - los.

2. Erde, großes Menschenschiff,
   nußschalenklein,
   wer wird durch Gefahren groß,
   unser Lotse sein?

3. Erde, gutes Mutterschiff,
   Arche fragenvoll,
   sag doch einer, wie und wann,
   alles enden soll?

4. Erde, kleines Schaukelschiff,
   sieh, wer zu dir steigt,
   frag ihn ob er weiterweiß,
   und die Richtung zeigt.

5. Erde, kleines Schaukelschiff,
   nußschalengroß,
   treibt durch dunklen Weltenraum,
   der so uferlos.

Alle Rechte beim IMPULSE-Musikverlag Ludger Edelkötter,
Natorp 21, 4406 Drensteinfurt

Sing das Lied vom Frieden

Text: Eckart Bücken
Musik: Ludger Edelkötter

Sing das Lied vom Frie-den, singt in je-der Stadt. Auch ein schwe-res, schwe-res Werk be-ginnt mit der ers-ten Tat.

2. Singt das Lied der Hoffnung,
   kommt und wartet nicht.
   Auch ein schwarzer, schwarzer Tag
   beginnt
   mit dem ersten Licht.

3. Singt das Lied der Freude,
   feiert heute mit.
   Auch ein weiter, weiter Weg
   beginnt
   mit dem ersten Schritt.

4. Singt das Lied vom Frieden,
   singt in jeder Stadt.
   Auch ein schweres, schweres Werk
   beginnt
   mit der ersten Tat.

Ehre sei Gott und den Menschen

Kanon

Text: Rolf Krenzer
Musik: Ludger Edelkötter

Eh - re. Eh - re sei Gott. Eh - re.
Eh - re sei Gott. Eh - re sei Gott und den Men - schen.

Versprechen

Gewiß: Du bist arm – und ich bin reich.
Unsre Hautfarbe ist verschieden,
und unsre Sprachen sind nicht gleich.
Man schätzt mich. Und du wirst gemieden.

Doch du bist nicht weniger Mensch als ich!
Das schrei ich in jede Richtung.
Reich mir die Hand. Ich halte dich.
Wir sind einander Verpflichtung.

Wir wollen gemeinsam fordern und schrein
und wollen zusammen matt sein.
Wir wollen gemeinsam hungrig sein
und auch zusammen satt sein.

Ich träum vom Sein in Gerechtigkeit,
von Nächstenliebe getragen.
Komm, laß uns den Traum ein Wegstück weit
miteinander zu leben wagen.

Gudrun Pausewang

Alphabetisches Liederverzeichnis (Liedanfänge)

Lieder für große und kleine Leute

Musikcassetten, Schallplatten, CD's, Bücher und Liedhefte von Ludger Edelkötter

Spiellieder

Ich gebe dir die Hände (IMP 1017)
MC 1017.3
Liederspielheft 1017.1

Mit Kindern unsere Umwelt schützen (IMP 1030)
MC (Teil 1) 1030.3
MC (Teil 2) 1030.9
Playback MC (Teil 1)
Instrumentalfassung zum Selbersingen 1030.4
Playback-MC (Teil 2)
Instrumentalfassung zum Selbersingen 1030.10
Lieder-Spiele-Lese-Arbeitsbuch 1030.5

Hast du etwas Zeit für mich? (IMP 1024)
MC 1024.3
Playback-MC (Instrumentalfassung zum Selbersingen) 1024.4
Liederspielheft 1024.1

Du, ich geh einfach auf dich zu (IMP 1035)
MC 1035.3
Liederspielheft 1035.1

Stacheligel haben's gut (IMP 1040)
Schoß- und Schmuselieder
MC 1040.3
Lieder-Bilderbuch 1040.5

Guten-Tag-Lieder (IMP 1043)
MC 1043.3
Liedheft 1043.1
Gutentagtexte, Gedichtband 1043.5

Igel, Frosch und Fledermaus (IMP 1048)
Von Tieren um uns herum
MC 1048.3
Buch 1048.5

Jahreszeitenlieder

Wenn die Frühlingssonne lacht (IMP 1047)
MC (Teil 1) 1047.3
MC (Teil 2) 1047.9
Frühlingsliederspielgeschichtenbuch 1047.5

Der Sommer schmeckt wie Himbeereis (IMP 1041)
MC (Teil 1) 1041.3
MC (Teil 2) 1041.9
Buch (Gedicht- und Reimesammlung) 1041.5
Liederspielheft 1041.1

So schön ist es im Sommer (IMP 1042)
MC (Teil 1) 1042.3
MC (Teil 2) 1042.9
Sommerliederspielgeschichtenbuch 1042.5

Wenn die Eisblumen blühen (IMP 1038)
MC 1038.3
CD 1038.7
Winterliederspielgeschichtenbuch 1038.5

Hallo du im Nachbarhaus (IMP 1018)
MC 1018.3
Lieder-Spiele-Bilder-Buch 1018.5
Orff Partitur 1018.1

Das kleine Singspiel

Die kleine Raupe Nimmersatt (IMP 1039)
MC 1039.3
Liederspielheft mit Noten, Texten, ausgearbeitetem Rollenspiel und Spielvorschlägen 1039.1
Bilderbuch, klitzekleine Ausgabe (Pappband) 1039.5
Malbuch 25,8x18,5 cm (Pappband), 32 Seiten 1039.12

Vorhang auf zur Zahlenwahl (IMP 1032)
Theaterstück mit Spielliedern
MC 1032.3
Liederspielheft mit Noten, Texten, ausgearbeitetem Rollenspiel und Spielvorschlägen 1032.1

Partymusik für Kinder

Knallbonbon (IMP 1031)
Instrumental-Musik
MC 1031.3

The best of Ja, ja, bei uns ist immer etwas los (IMP 1049)
Lieder für Karneval und Kinderfeste
MC 1049.3
Liedheft 1049.1

Musikalische Meditationen

Komm mit zur Quelle (IMP 1037)
Mit der Phantasie auf Reisen gehen
MC 1037.3
CD 1037.7

Mit Kindern auf dem Weg in die Stille (IMP 1037.5)
Arbeitsbuch zu „Komm mit zur Quelle"